就職前に覚えておくべき Excel 2016 必須テクニック

相澤裕介●著

本書で取り上げられているシステム名／製品名は、一般に開発メーカーの登録商標／商品名です。本書では、™および®マークを明記していませんが、本書に掲載されている団体／商品に対して、その商標権を侵害する意図は一切ありません。

はじめに

　ある調査によると、「日本の若者のPCスキルは先進国の中で最低レベル」という結果が出たそうです。幼い頃からデジタル機器に触れ、ネットのある生活に慣れ親しんでいる日本の若者が「PCスキルは最低レベル」というのは信じがたい話ですが、実際問題、"日本の学生のPCスキル"は他の先進国より劣っているようです。特にスマートフォンが普及した現在では、パソコンに触れる機会が減った分だけ、この傾向が顕著になっています。

　学生時代は「スマホがメイン」で、「パソコンは論文を書くときだけ」というスタイルでも通用したかもしれません。しかし、会社に就職して仕事を始めると、否が応でもパソコンを使わざるを得なくなります。必要に迫られて、慌ててパソコンの勉強を始める方もいるでしょう。この場合、仕事に追われながらパソコンの使い方を覚えるため、『とりあえず操作手順だけでも…』という"その場しのぎの知識"を詰め込んでしまうケースが少なくありません。つまり、基本をよく理解しないまま"操作手順だけを覚える"という状態になってしまうのです。これでは、より効率的な使い方を編み出したり、トラブルに対処したりすることはできません。

　このような状態にならないためにも、時間に余裕のあるうちにパソコンの使い方を勉強しておくとよいでしょう。中でもExcelの使い方を学んでおくと、幅広い用途に応用でき、仕事に活かせるようになります。そこで本書では、「よく使われるExcelの機能と仕組み」について詳しく解説しています。
　「PCスキルが最低レベル」といっても、日本の若者の能力そのものが劣っている訳ではありません。要は「触れる機会が少なく」、「必要性がなかった」ことが原因です。Excelを自由自在に使いこなすには、それなりの知識と経験が必要です。単なる知識として覚えるのではなく、実際に手を動かしながら各機能の"仕組み"を理解しておくことが大切です。よって、本書のサンプルファイルは「操作を行う前のExcelファイル」だけを配布しています。これをもとに実際に自分で操作してみて、各機能の理解を深めていくとよいでしょう。本書で学んだ知識と経験が、仕事に役立つ糧となれば幸いです。

2016年6月　相澤 裕介

目 次

第1章　Excelを仕事で使うために覚えておくべき機能　1

01　なぜ仕事でExcelが必要になるのか？ ……………………………… 2
- 仕事でExcelが必要となる場面 …………………………………………… 2
- Excelの操作方法は独学で学ぶのが基本？ ……………………………… 4
- 各機能の使い方を学ぶときに注意すべきポイントは？ ………………… 5

02　データ入力と書式指定の基本ポイント ………………………………… 6
- データの入力手順について ………………………………………………… 6
- 文字の書式指定について …………………………………………………… 8
- セルの背景色と罫線 ………………………………………………………… 11

03　意外と知られていない少し便利な書式指定 ………………………… 14
- 一部の文字だけに書式を指定するには？ ………………………………… 14
- 幅、高さを揃えるには？ …………………………………………………… 15
- セル内で改行するには？ …………………………………………………… 16
- 文字の両端を揃えて配置するには？ ……………………………………… 17

04　脱初心者に欠かせない表示形式の指定 ……………………………… 20
- 「標準」の表示形式について ……………………………………………… 20
- 表示形式を指定するコマンド ……………………………………………… 21
- 「セルの書式設定」を使った表示形式の指定 …………………………… 23
- 数値の表示形式 ……………………………………………………………… 24
- 通貨／会計の表示形式 ……………………………………………………… 26
- パーセンテージの表示形式 ………………………………………………… 27
- 日付／時刻の表示形式 ……………………………………………………… 28
- 文字列の表示形式 …………………………………………………………… 30
- ユーザー定義の表示形式 …………………………………………………… 31

05　「セルの書式設定」を使って効率よく書式を指定 ………………… 35
- 「セルの書式設定」の呼び出し …………………………………………… 35
- ［配置］タブを使った書式の指定 ………………………………………… 36

- ［フォント］タブを使った書式の指定 ……………………………… 38
- ［罫線］タブを使った書式の指定 …………………………………… 39
- ［塗りつぶし］タブを使った書式の指定 …………………………… 40
- ［保護］タブについて ………………………………………………… 41

06　セルの選択とショートカットキー …………………………………… 42
- キーボードを使ったセル範囲の選択 ………………………………… 42
- 複数のセル範囲を同時に選択 ………………………………………… 44
- 覚えておくと便利なショートカットキー …………………………… 46

07　サイズが大きい表の見出しを固定する ……………………………… 49
- "見出し"となる行を画面に固定するには？ ………………………… 49
- 行と列の両方を画面に固定するには？ ……………………………… 51

08　大きな表を印刷するときの必須テクニック ………………………… 53
- 基本的な印刷手順 ……………………………………………………… 53
- 用紙の向き、余白、印刷倍率の指定 ………………………………… 54
- ページ レイアウトと改ページ プレビュー ………………………… 55
- 不要な列を省略して印刷するには？ ………………………………… 57
- 見出しとなる行を各ページに印刷するには？ ……………………… 61
- ヘッダーとフッターの設定 …………………………………………… 64

09　「条件付き書式」でセルの書式を自動指定 ………………………… 67
- 条件付き書式とは？ …………………………………………………… 67
- あらかじめ用意されている条件付き書式 …………………………… 68
- 条件付き書式の解除 …………………………………………………… 72
- 条件と書式を自分で指定するには？ ………………………………… 73
- 複数の条件付き書式を指定するには？ ……………………………… 77
- 条件付き書式の管理 …………………………………………………… 78
- データバーの活用 ……………………………………………………… 82

10　「データの入力規則」で快適な入力環境を実現 …………………… 86
- データの入力規則とは？ ……………………………………………… 86
- データの入力規則を指定するときの操作手順 ……………………… 87
- 入力時メッセージとエラーメッセージ ……………………………… 90
- 入力モードの自動設定 ………………………………………………… 93
- データの入力規則の解除 ……………………………………………… 94
- リストの活用 …………………………………………………………… 95

11　「シートの保護」で操作可能なセルを限定 ……………………… 97
- シートの保護とは？ ……………………………………………… 97
- ロックの解除とシートの保護 …………………………………… 98
- シートの保護の解除 ……………………………………………… 102
- パスワードと許可する操作の設定 ……………………………… 103

第2章　数式と関数の活用　　　　　　　　　105

12　数式を入力して数値データを計算 ………………………………… 106
- 数式の入力と演算記号 …………………………………………… 106
- 数式の使用例（1） ………………………………………………… 107
- 数式の使用例（2） ………………………………………………… 109

13　オートフィルを使って数式をコピー …………………………… 113
- オートフィルの基本 ……………………………………………… 113
- 数式をオートフィルでコピー …………………………………… 115

14　相対参照と絶対参照を使い分ける ……………………………… 119
- 相対参照と絶対参照 ……………………………………………… 119
- 絶対参照の使用例 ………………………………………………… 119
- 行/列を挿入、削除したときの動作 …………………………… 122

15　小数点以下の扱いと表示形式 …………………………………… 123
- 数式の計算結果と表示形式 ……………………………………… 123
- 四捨五入された数値の扱い ……………………………………… 123

16　関数を使って様々な計算を行う ………………………………… 125
- オートSUMを使って合計を求める関数を入力 ……………… 125
- オートSUMを使って平均、最大値、最小値を求める ……… 128
- 関数を自分の手で入力する場合 ………………………………… 130
- 関数をオートフィルでコピー …………………………………… 131
- 小数点以下を切り下げる関数 …………………………………… 133

17　検索機能を使って目的の関数を探し出す ……………………… 136
- 関数を検索して入力 ……………………………………………… 136
- 利息計算を行う関数 ……………………………………………… 141

18　条件に応じて処理を変更する関数　145
- 条件に応じて処理を分岐させる関数（IF）　145
- 関数IFで表示する文字を条件分岐させる　146
- 関数IFで計算方法を条件分岐させる　148
- 関数IFを使った空白処理　150
- 条件に合う数値だけを合計する関数（SUMIF）　152

19　Webから表を取り込み、加工して利用する　155
- Webに掲載されている表をExcelに取り込む　155
- Webページから取り込んだ表のデータの計算　159
- 取り込んだデータの更新　160

第3章　データ処理とグラフの作成　163

20　数値順や50音順にデータを並べ替える　164
- データを数値順に並べ替え　164
- データを50音順に並べ替え　168

21　日本語の並べ替えとふりがなの編集　170
- "ふりがな"と並べ替え　170
- 記録されている"ふりがな"の表示と編集　171
- 複数の列を基準に並べ替え　175

22　フィルター機能を使って必要なデータだけを抽出　180
- 文字を条件にデータを抽出　180
- 条件の解除とフィルター機能の終了　183
- 数値を条件にデータを抽出　185
- 日付を条件にデータを抽出　187
- 抽出したデータをもとに新しい表を作成　189

23　表データをもとに様々なグラフを作成　190
- セル範囲を指定してグラフを作成　190
- グラフ フィルターを使ったデータの指定　194
- サイズと位置の変更　196
- グラフ スタイルの適用　197

24 グラフ内に表示する要素と文字の編集 ……………………… 198
- グラフ内に表示する要素の指定 ………………………………… 198
- 「グラフ要素を追加」のコマンド ………………………………… 199
- グラフ内の文字の書式 …………………………………………… 201

25 縦軸と横軸のカスタマイズ ………………………………………… 204
- 数値の範囲と目盛線の間隔 ……………………………………… 204
- 表示単位の変更と表示形式 ……………………………………… 206
- ラベルの間隔と配置 ……………………………………………… 209

26 グラフの色を変更するには？ ……………………………………… 212
- グラフ全体の配色の変更 ………………………………………… 212
- 系列や個々のデータの選択 ……………………………………… 213
- グラフの色を自分で指定 ………………………………………… 214
- データ系列の書式設定 …………………………………………… 215
- 折れ線グラフの色変更 …………………………………………… 218
- 線とマーカーの書式設定 ………………………………………… 219

27 「縦棒」と「折れ線」の複合グラフを作成 …………………………… 221
- 第2軸を使用して複合グラフを作成 …………………………… 221
- 軸ラベルの表示と軸の書式設定 ………………………………… 224
- 目盛線の本数を揃える …………………………………………… 226
- テキストボックスの活用 ………………………………………… 228

索引 ……………………………………………………………………… 231

◆サンプルデータについて

本書の解説で使用したサンプルデータは、以下のURLからダウンロードできます。Excelの使い方を学ぶときの参考としてください。

http://cutt.jp/books/978-4-87783-402-9/

第1章

Excelを仕事で使うために覚えておくべき機能

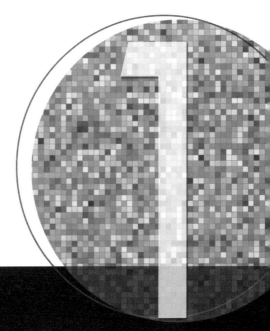

- 01　なぜ仕事でExcelが必要になるのか？
- 02　データ入力と書式指定の基本ポイント
- 03　意外と知られていない少し便利な書式指定
- 04　脱初心者に欠かせない表示形式の指定
- 05　「セルの書式設定」を使って効率よく書式を指定
- 06　セルの選択とショートカットキー
- 07　サイズが大きい表の見出しを固定する
- 08　大きな表を印刷するときの必須テクニック
- 09　「条件付き書式」でセルの書式を自動指定
- 10　「データの入力規則」で快適な入力環境を実現
- 11　「シートの保護」で操作可能なセルを限定

01 なぜ仕事でExcelが必要になるのか？

仕事でExcelが必要となる場面

　本書を手にした皆さんは、卒業研究やレポートの作成などで一度はExcelに触れた機会があると思います。では、大学を卒業して社会人になると、どのような場面でExcelを使用するのでしょうか？

　もちろん、この質問に対する答えは職種や部署によって異なります。分かりやすい例をいくつか挙げておきましょう。たとえば、請求書や見積り書といった書類を作成する際にExcelを活用している会社もあります。また、顧客情報や在庫、売上といったデータの管理にExcelを活用している会社もあります。会社の規模が大きくなると、これらの業務用に独自のシステムを構築し、専用のアプリケーションを使って作業を進めている会社もありますが、このような場合でも「Excelを全く使わない」という職場はほとんど見受けられません。むしろ、**社会人ならExcelくらい使えて当たり前**と考えられているのが一般的です。

図1-1　Excelで作成した請求書の例

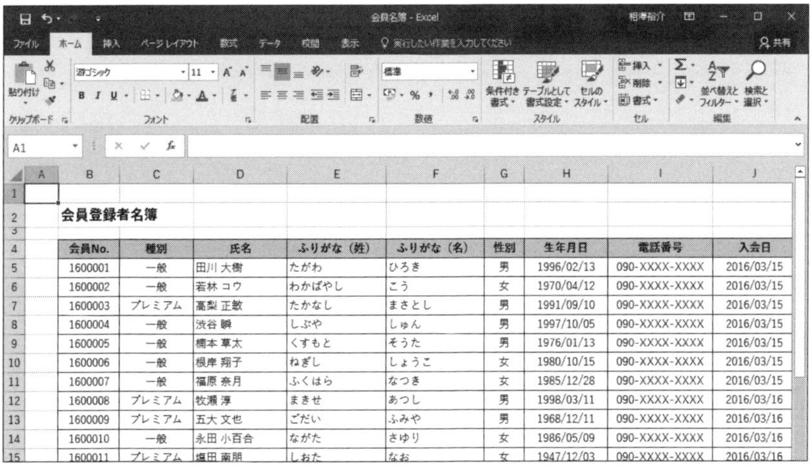

会員登録者名簿

会員No.	種別	氏名	ふりがな（姓）	ふりがな（名）	性別	生年月日	電話番号	入会日
1600001	一般	田川 大樹	たがわ	ひろき	男	1996/02/13	090-XXXX-XXXX	2016/03/15
1600002	一般	若林 コウ	わかばやし	こう	女	1970/04/12	090-XXXX-XXXX	2016/03/15
1600003	プレミアム	高梨 正敏	たかなし	まさとし	男	1991/09/10	090-XXXX-XXXX	2016/03/15
1600004	一般	渋谷 瞬	しぶや	しゅん	男	1997/10/05	090-XXXX-XXXX	2016/03/15
1600005	一般	楠本 草太	くすもと	そうた	男	1976/01/13	090-XXXX-XXXX	2016/03/15
1600006	一般	根岸 翔子	ねぎし	しょうこ	女	1980/10/15	090-XXXX-XXXX	2016/03/15
1600007	一般	福原 奈月	ふくはら	なつき	女	1985/12/28	090-XXXX-XXXX	2016/03/15
1600008	プレミアム	牧瀬 淳	まきせ	あつし	男	1998/03/11	090-XXXX-XXXX	2016/03/16
1600009	プレミアム	五大 文也	ごだい	ふみや	男	1968/12/11	090-XXXX-XXXX	2016/03/16
1600010	一般	永田 小百合	ながた	さゆり	女	1986/05/09	090-XXXX-XXXX	2016/03/16
1600011	プレミアム	塩田 南朋	しおた	なお	女	1947/12/03	090-XXXX-XXXX	2016/03/16

図1-2　Excelを使った顧客データ管理の例

表計算というジャンルに分類されるExcelは、表を含む書類を作成したり、各種データを管理したりするときに使用するアプリケーションです。先ほど紹介した「請求書の作成」や「顧客データの管理」などは、その代表的な例といえるでしょう。もちろん、これら以外の用途にも様々な場面でExcelが活用されています。**仕事の進行状況を管理したり、頭の中を整理したりするときにもExcelが大いに役立ちます**。これは仕事に限った話ではなく、学生生活においても十分に応用できる話です。

たとえば、貴方が就職活動中で何十社にもエントリーしているとしましょう。このとき、各社の進行状況を一覧形式にまとめておかないと、すぐに頭の中が混乱してしまいます。このような場合にExcelを使って情報を整理しておくと、状況が一目瞭然になり、就職活動をスムーズに進められます。

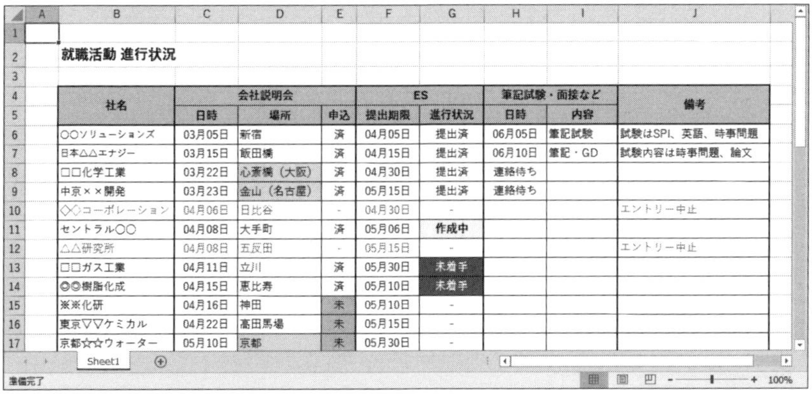

就職活動 進行状況

社名	会社説明会			ES		筆記試験・面接など		備考
	日時	場所	申込	提出期限	進行状況	日時	内容	
○○ソリューションズ	03月05日	新宿	済	04月05日	提出済	06月05日	筆記試験	試験はSPI、英語、時事問題
日本△△エナジー	03月15日	飯田橋	済	04月15日	提出済	06月10日	筆記・GD	試験内容は時事問題、論文
□□化学工業	03月22日	心斎橋（大阪）	済	04月30日	提出済	連絡待ち		
中京××開発	03月23日	金山（名古屋）	済	05月15日	提出済	連絡待ち		
◇◇コーポレーション	04月06日	日比谷	-	04月30日	-			エントリー中止
セントラル○○	04月08日	大手町	済	05月06日	作成中			
△△研究所	04月08日	五反田	-	05月15日	-			エントリー中止
□□ガス工業	04月11日	立川	済	05月30日	未着手			
◎◎樹脂化成	04月15日	恵比寿	済	05月10日	未着手			
※※化研	04月16日	神田	未	05月10日	-			
東京▽▽ケミカル	04月22日	高田馬場	未	05月15日	-			
京都☆☆ウォーター	05月10日	京都	未	05月30日	-			

図1-3　就職活動の進行状況をExcelにまとめた例

01

なぜ仕事でExcelが必要になるのか？

これと同様に、社会人になってからも、**Excelを使って進行状況をまとめながら仕事を進めていくケースが少なくありません**。データを数値順や日付順に並べ替える、背景色で状況を分かりやすく示す、データをもとに計算を行う、備考欄を設けて注意事項を併記しておく、などの処理を手軽に行えるExcelは、情報を整理し、作業をスムーズに進めるための"強力な武器"になります。

　もちろん、手帳やノートに情報を整理しながら仕事を進めていく場合もあるでしょう。必ずしもExcelを使わなければいけない、という訳ではありません。状況に応じて最適なツールを選択しながら仕事を進めていくのが基本です。とはいえ、『Excelの使い方がよく分からない……』という状態のまま社会人になってしまうと、手帳やノートに頼らざるを得なくなり、それだけ選択肢が少なくなってしまいます。つまり、仕事の進め方が限定されてしまうのです。手帳やノートは自由に情報を書き込めるのが利点ですが、その反面、データを並べ替えたり、必要な情報だけを抽出したりすることはできません。よって、必要以上に手間と時間をかけて仕事を進めることになります。作業効率が重視される社会人にとって、これは致命的なマイナスになるかもしれません。

　実際に就職して仕事を始めると分かりますが、職場ではWord、Excel、PowerPointといったアプリケーションをよく使用します。ただし、その使用頻度は会社や部署によりマチマチで、「PowerPointはほとんど使わない……」という部署もあります。では、Excelはどうかというと、**「ほぼ毎日、何らかの用途に使用している」**と答える人が多いようです。Wordは書類の作成用、PowerPointはプレゼン資料の作成用、という具合にWordとPowerPointはある程度、用途が限定されたアプリケーションとなります。一方、Excelは**様々な用途に使えるアプリケーション**となるため、Excelを活用できる場面は想像以上に多くあります。

■ Excelの操作方法は独学で学ぶのが基本？

　これまでに述べてきたように、Excelは社会人にとって欠かせないツールです。では、いつExcelの使い方を学習すればよいのでしょうか？　もしかすると、会社に就職した後、新人研修のときに『Excelの使い方を教えてもらえるのでは……』と甘い期待を抱いている方もいるかもしれません。しかし、残念ながら、そのような会社はほとんどありません。新人研修で教えてもらえる内容は、社会人としてのマナー、企業理念、仕事に関連する基礎知識などであり、Excelの使い方を教えてくれる会社は皆無に近いのが実情です。

たいていの場合、「Excelの使い方は各自が独学で学ぶもの」と考えられています。このため、「どれくらいExcelを使いこなせるか？」は、同じ会社、部署に努めている人であっても個人差があります。同じ作業をスイスイと進められる人もいれば、パソコンの前で四苦八苦している人もいます。

さて、ここで問題。あなたはどちらのタイプになりたいでしょうか？　もちろん、"作業をスイスイと進められる人"になりたいと思うはずです。そのためには、どこかでExcelの使い方を学んでおかなければいけません。「会社に就職してから、仕事と同時進行でExcelの使い方を覚えていく」という考え方もありますが、ただでさえ覚えることが多い新人の時期に、さらにExcelの使い方も覚えるというのは、どう考えても合理的ではありません。時間に余裕がある学生の間に、できるだけExcelの使い方を習得しておくとよいでしょう。

各機能の使い方を学ぶときに注意すべきポイントは？

　Excelには非常に多くの機能が用意されています。これらのうち、「どの機能の使い方を覚えればよいか？」は、担当する業務内容に応じて異なるため一概には言い切れません。それぞれの業務ごとに、頻繁に使用する機能もあれば、全く使わない機能もあり、どの機能が必要になるかは各自の状況に応じて変化します。そこで本書では、一般的によく使われる機能をピックアップして操作手順を解説していきます。

　このときに注意すべきポイントは、各機能の処理内容を十分に把握しておくことです。「どのような処理が行われるのか？」、「どういった場面で使用すると効果的なのか？」といった内容を、実際に操作しながら体得しておくことが重要です。細かな操作手順は忘れてしまっても構いません。Webをネット検索すれば操作手順を解説しているページを見つけられると思うので、操作手順が分からなくなった時点でそのつど調べていく進め方でも十分に対応できます。

　それよりも、Excelには「**どのような機能が用意されており**」、「**各機能がどのような仕組みで動作しているのか？**」を学んでおくことが大切です。各機能の概要さえ把握していれば、その機能が必要になったときに少し調べるだけで、目的の機能を使いこなせるようになります。一方、機能そのものの存在を知らなかった場合は、効率よく作業する方法を見つけられず、必要以上に手間をかけて仕事を進める羽目になってしまいます。様々な場面でExcelを便利に活用できるように、各機能の「概要」と「仕組み」をよく把握しておいてください。

なお、実際の業務において、請求書をゼロから作成したり、顧客データの管理用ファイルを自分で作成したりする機会は滅多にありません。たいていの場合、会社に用意されているExcelファイル（もしくは専用のシステム）を使って作業を進めるのが一般的です。もちろん、この場合にもExcelの基礎知識が役に立つと思います。

　個々の業務においてExcelのスキルが重要になるのは、関連するデータを一覧形式にまとめたり、進行状況を分かりやすく整理したりする場合が大半を占めると思われます。この際にExcelを上手に活用できると、それだけ効率よく仕事を進められます。単なる「表・グラフの作成ツール」としてExcelを捉えるのではなく、**仕事の効率化を強力にバックアップしてくれるツール**として、ぜひExcelの活用方法を研究してみてください。

02 データ入力と書式指定の基本ポイント

データの入力手順について

　それでは、Excelの使い方を具体的に解説していきましょう。まずは、**セル**（マス目）にデータを入力する方法です。この手順は、マウスをクリックしてセルを選択し、キーボードから文字や数値を入力するだけです。とても簡単な操作なので、あらためて説明しなくても問題なく進められると思います。

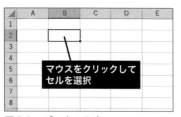
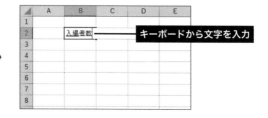

図2-1　データの入力

隣接するセルに続けてデータを入力していくときは、[Tab]キーまたは[Enter]キーを利用すると便利です。[Tab]キーを押すと右隣のセル、[Enter]キーを押すと1つ下の行へ「セルの選択」を移動できます。

　すでにデータが入力されているセルの内容を変更するときは、**数式バー**を使ってデータを修正します。これも極めて基本的な操作なので、ほとんどの方がすでに知っていると思います。

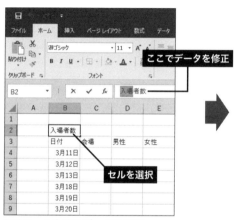

図2-2　入力済みデータの修正

　このとき、セルを**ダブルクリック**してデータを修正する方法も用意されています。この場合はセル内にカーソルが表示されるため、データをセル内で直接修正することが可能です。

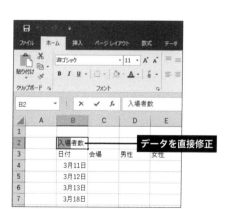

図2-3　入力済みデータの直接修正

複数のセルに同じデータを何回も入力するときは、セル範囲を選択した状態でデータ入力を行うと、少ない手数で作業を完了できます。データを入力した後、[Ctrl]キーを押しながら[Enter]キーを押すと、選択していたセル範囲に同じデータを一括入力できます。活用できる場面は意外と多いので、ぜひ覚えておいてください。

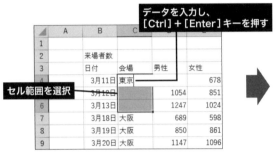

図2-4　データの一括入力

文字の書式指定について

セルにデータを入力できたら、フォントや文字サイズ、文字色などの書式を指定します。この操作手順は、WordやPowerPointとほとんど同じです。セル（またはセル範囲）を選択した状態で、[ホーム]タブにあるリボンを使って書式を指定します。

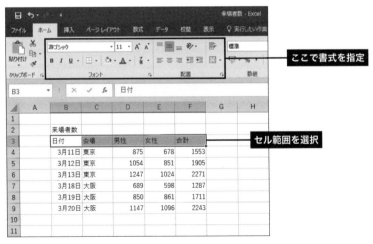

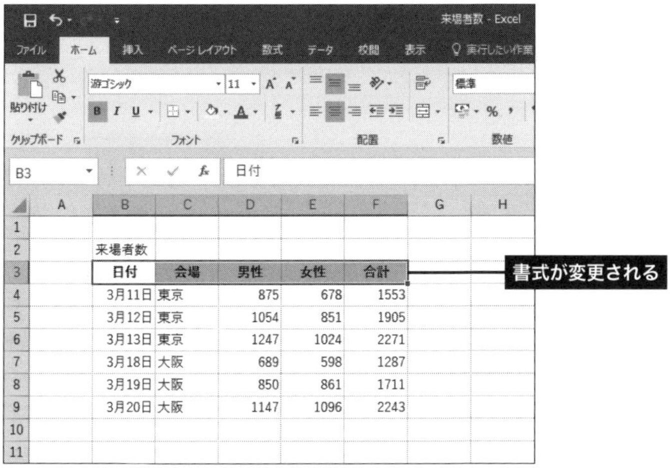

図2-5　書式を指定するときの操作手順

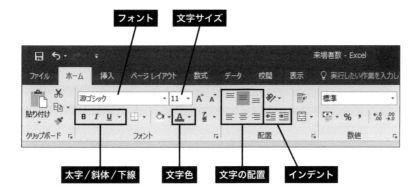

図2-6　書式指定のコマンド

　文字の書式指定で注意すべきポイントは、指定した書式に応じて「行の高さ」が自動的に変更される場合があることです。文字サイズに応じて「行の高さ」が変更されることは、特に違和感なく理解できるでしょう。問題となるのは、**フォントに応じて「行の高さ」が自動変更される場合がある**ことです。

　Excel 2016では、フォントの初期値に「游ゴシック」が指定されています。これを他のフォント（MSゴシックなど）に変更すると、同じ文字サイズであっても「行の高さ」が自動変更される場合があります。試しに、**全てのセルを選択した状態**でフォントを「MSゴシック」に変更してみてください。各行の高さが小さくなるのを確認できると思います。

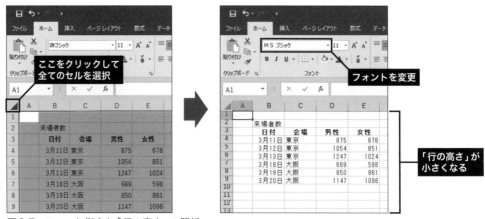

図2-7　フォント指定と「行の高さ」の関係

　これはフォントの設計方法に起因する現象です。「游ゴシック」や「游明朝」、「メイリオ」といったフォントは、"文字の上下の間隔"が大きめに設計されています。このため、同じ文字サイズであっても、「MSゴシック」や「MS明朝」などのフォントより「行の高さ」は大きくなります。

　表の見た目を重視する場合は、適当な行間が確保される「游ゴシック」のまま作業を進めていくとよいでしょう。一方、できるだけ多くのデータ（行数）を画面に表示したい場合は、「MS○○」系または「HG○○」系のフォントを指定しておくと快適に作業を進められます。豆知識の一つとして覚えておいてください。

　また、「游○○」系のフォントはWindows 8.1以降で採用された、比較的新しいフォントであることにも注意しなければいけません。Windows 7などの古いOSでも正しくフォントを表示したい場合は、「游○○」系フォントの使用は避けるのが基本です。

空白セルのフォント指定に注意

　シート全体ではなく、一部のセル範囲を選択した状態でフォントの変更を行うと、前述したような結果にはならず、元の「行の高さ」がそのまま維持されます。これは、選択しなかったセルに「游ゴシック」のフォント（初期値）が指定されていることが原因です。データを入力していない空白セルにも「游ゴシック」のフォントが指定されていることを忘れないようにしてください。フォントの変更により「行の高さ」を変化させるには、シート全体（または行全体）を選択した状態でフォントの指定を行わなければいけません。

横方向の配置の解除

横方向の配置を「標準」（初期値）に戻したいときは、ONになっているコマンドを再クリックしてOFFにします。すると、横方向の配置が「標準」に戻り、文字データは「左揃え」、数値データは「右揃え」で配置されるようになります。

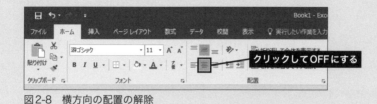

図2-8　横方向の配置の解除

セルの背景色と罫線

表を見やすくするために、セルに**背景色**（塗りつぶしの色）や**罫線**を指定する場合もあります。これらの書式も[**ホーム**]**タブにあるリボン**を使って指定します。

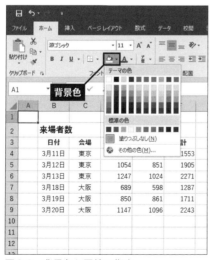

図2-9　背景色と罫線の指定

いずれも選択しているセル（セル範囲）が書式指定の対象になります。最初のうちは罫線の指定に戸惑うかもしれませんが、慣れてしまえば自由に罫線を描画できると思います。実際に手を動かして練習を重ねながら、その仕組みを理解するようにしてください。

以下に、「太線」と「細線」を使って表の罫線を描画するときの操作例を示しておきます。罫線の指定方法を学ぶときの参考としてください。

1 表全体を選択し、「**格子**」の罫線を指定します。続いて、表全体を選択した状態のまま「**太い外枠**」の罫線を指定し、選択範囲の外枠を「太線」に変更します。

2 以下の図のように罫線が描画されます。

3 さらに表内を「太線」で区切りたい場合は、そのセル範囲を選択して「**太い外枠**」の罫線を指定します。

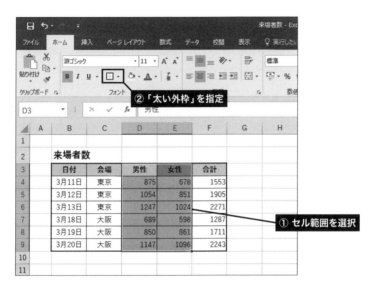

4 選択していたセル範囲の外枠が「太線」に変更されます。同様の操作を繰り返して、表の罫線を指定していきます。

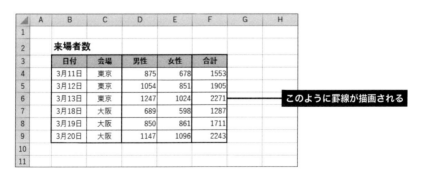

そのほか、P35～41で解説する「セルの書式設定」を使って罫線を指定する方法も用意されています。こちらの方が短時間で罫線を指定できる場合が多いので、合わせて覚えておくとよいでしょう。

03 意外と知られていない少し便利な書式指定

一部の文字だけに書式を指定するには？

　Excelでは、それぞれのセルに対して書式を指定するのが一般的です。とはいえ、状況によっては、個々の文字に対して書式を指定したい場合もあるでしょう。このような場合は、**数式バー**に表示されている文字を選択した状態で書式指定を行います。

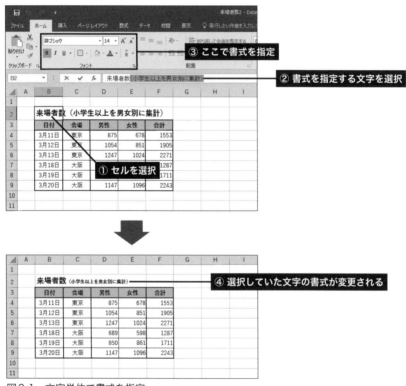

図3-1　文字単位で書式を指定

　使用頻度はあまり高くありませんが、表のタイトルに補足説明を加える場合などに活用できるので、念のため覚えておいてください。

幅、高さを揃えるには？

各列の**幅**を変更するときは、**列ボタン**を区切る線を左右にドラッグします。同様に、各行の**高さ**を変更するときは、**行ボタン**を区切る線を上下にドラッグします。

図3-2　幅、高さの変更

このとき、各列の幅を同じサイズに揃えたい場合もあると思います。このような場合は、**複数の列を選択した状態**でサイズ変更の操作を行うと、選択していた列を同じサイズに揃えられます。もちろん、同様の手順で行の高さを揃えることも可能です。

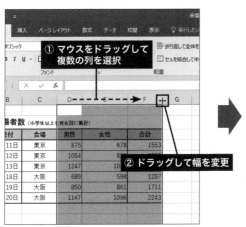

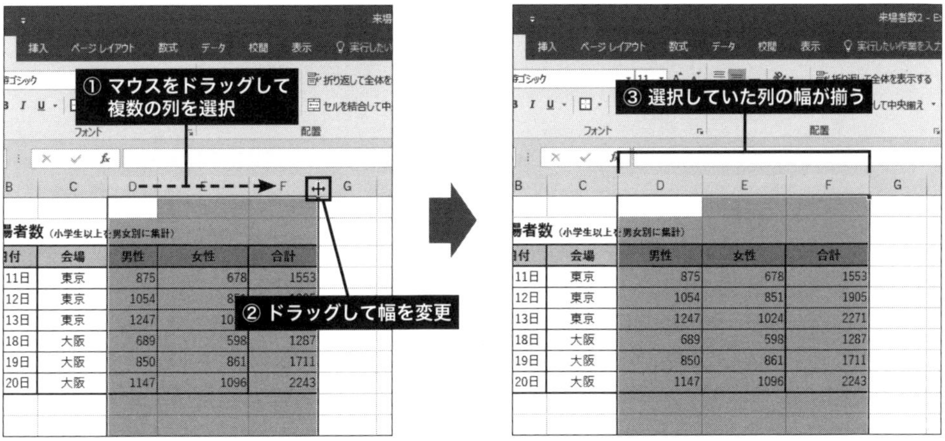

図3-3　列の幅を揃えるときの操作手順

セル内で改行するには？

　セルに文章を入力したときに、全ての文字をセル内に表示したい場合は、[ホーム]タブにある「**折り返して全体を表示する**」をクリックしてONにします。すると、文字をセル内で折り返して表示できるようになります。

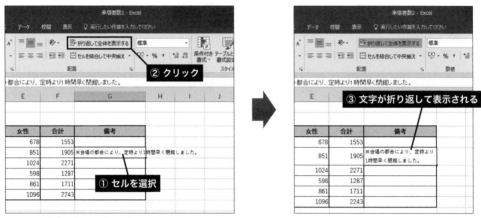

図3-4　文字を折り返して表示

　なお、この書式指定を行った後に「列の幅」を変更すると、セル内に全ての文字が表示されない、もしくは必要以上に「行の高さ」が大きくなってしまう場合があります。このような場合は、「**書式**」コマンドから「**行の高さの自動調整**」を選択すると、高さを最適なサイズに再調整できます。

図3-5　行の高さを適切なサイズに修正

　そのほか、文章の途中に**改行**を挿入して文字の配置を整える方法も用意されています。セル内で文字を改行するときは、[Alt]キーを押しながら[Enter]キーを押します。

図3-6　改行の挿入

文字の両端を揃えて配置するには？

　「東京」と「神奈川」のように文字数が異なるデータの両端を揃えて配置したい場合は、横方向の配置に**「均等割り付け」**を指定します。この書式指定は[ホーム]タブに用意されていないため、**「セルの書式設定」**を使って書式を指定する必要があります。

1 両端を揃えて配置するセル範囲を選択し、[ホーム]タブの「配置」の領域にある をクリックします。

2 「セルの書式設定」の[配置]タブが表示されるので、「横位置」に「均等割り付け(インデント)」を指定し、[OK]ボタンをクリックします。

3 「列の幅」に合わせて文字の配置が自動調整されます。セルの左右に適当なサイズの余白を設けたい場合は、🔲（**インデントを増やす**）をクリックします。

4 セルの左右内側に1文字分の余白が設けられます。この余白は、🔲（**インデントを減らす**）をクリックすると解除できます。

04 脱初心者に欠かせない表示形式の指定

「標準」の表示形式について

　続いては、各セルの**表示形式**について解説します。たとえば、セルに「12.00」と入力すると、そのセルには「12」という数値だけが表示され、小数点以下の不要な0が自動的に省略される仕組みになっています。

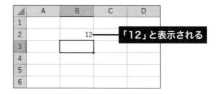

図4-1　小数点以下のゼロの自動省略

　このような結果になるのは、各セルに「**標準**」の表示形式が設定されていることが原因です。「標準」の表示形式は、小数点以下の不要なゼロを省略して表示する仕組みになっています。
　また、入力した内容に応じて表示形式が自動変更される場合もあります。たとえば、セルに「16-5-3」と入力すると、そのセルの表示形式が自動的に「**日付**」に変更され、「2016/5/3」というデータが表示されます。

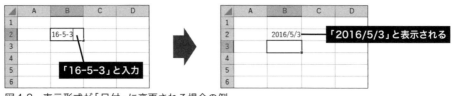

図4-2　表示形式が「日付」に変更される場合の例

　このように「標準」の表示形式は、入力した内容に応じて表示が自動的に変化する場合があります。

表示形式を指定するコマンド

入力したデータを思いどおりの形式で表示させるには、適切な**表示形式**を指定しなければいけません。[**ホーム**] **タブ**のリボンには、表示形式を指定するコマンドとして以下のようなコマンドが用意されています。

図4-3　表示形式を指定するコマンド

Excelには、「標準」のほかに、「数値」、「通貨」、「会計」、「日付」、「時刻」などの表示形式が用意されています。これらの表示形式を手軽に指定したいときは、▼をクリックし、一覧から表示形式の分類を選択します。

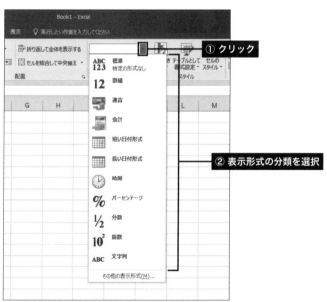

図4-4　表示形式の分類の指定

そのほか、[ホーム] タブに用意されているボタンをクリックして、表示形式の書式を変更することも可能です。

- ……… 表示形式を「通貨」に変更します。通貨記号を指定することも可能です。
- % ……… 表示形式を「パーセンテージ」に変更し、数値を百分率（％）で表示します。
- , ……… 表示形式を「通貨」に変更し、3桁ごとに「,」（桁区切り）を表示します。
- ……… 小数点以下の表示桁数を1桁増やします。
- ……… 小数点以下の表示桁数を1桁減らします。

たとえば、セル範囲を選択した状態で や のコマンドをクリックしていくと、小数点以下の表示桁数を自由に変更することが可能となります。

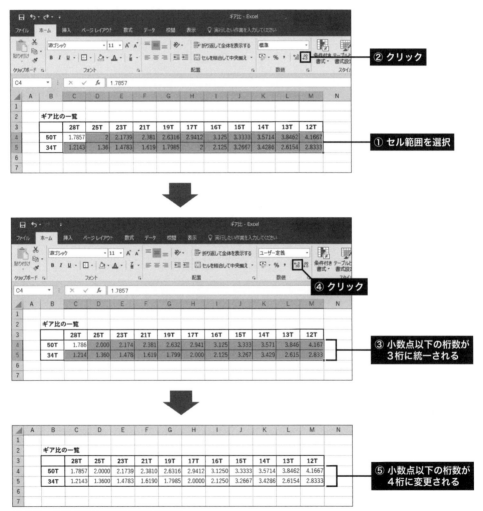

図4-5　小数点以下の表示桁数の調整

ただし、これらのコマンドだけでは思いどおりに表示形式を指定できない場合があるため、「**セルの書式設定**」を使った指定方法も覚えておく必要があります。むしろ、「**セルの書式設定**」を使った方が"表示形式の仕組み"を理解しやすいと思われます。実際に手を動かしながら、それぞれの表示形式の特徴を把握しておいてください。

「セルの書式設定」を使った表示形式の指定

「**セルの書式設定**」を使って表示形式を指定するときは、書式を指定するセル（セル範囲）を選択し、[**ホーム**]タブの「**数値**」の領域にある🔲をクリックします。

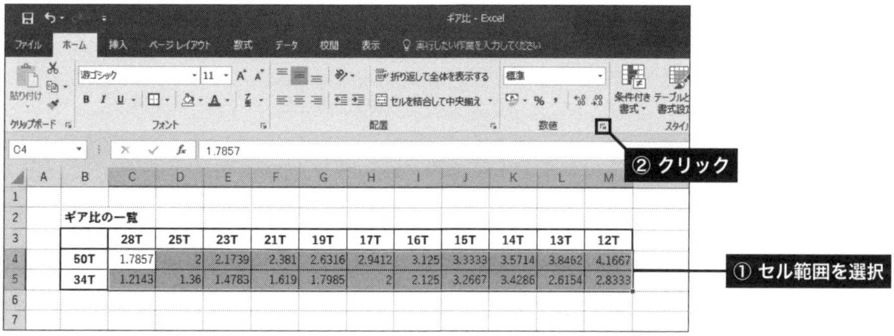

図4-6　「セルの書式設定」の表示

すると、[**表示形式**]タブが選択された状態で「セルの書式設定」が表示されます。ここでは、左側で表示形式の分類を選択し、右側で細かな表示方法を指定します。

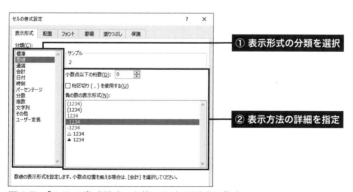

図4-7　「セルの書式設定」を使った表示形式の指定

数値の表示形式

それでは、それぞれの表示形式について詳しく解説していきましょう。まずは、「**数値**」の表示形式について解説します。この表示形式は、数値データを扱うセルに指定するのが一般的です。表示形式の種類に「数値」を指定すると、以下のような画面が表示され、**小数点以下の表示桁数**、**桁区切り**（3桁ごとのカンマ）の有無、**負の数の表示方法**を自由に指定できるようになります。

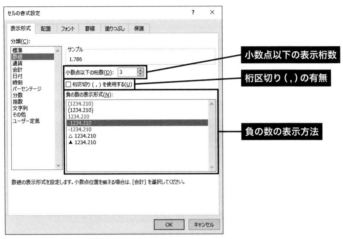

図4-8 「数値」の表示形式の指定

また、「数値」の表示形式を指定したセルは、右端に少しだけ余白が設けられる仕組みになっています。表に罫線を描画するときは「数値」の表示形式を指定しておくと、「標準」（初期値）のセルより数値データを読み取りやすくなります。

■「標準」の表示形式

	A	B	C	D	E	F
1						
2		ギア比の一覧				
3			28T	25T	23T	21T
4		50T	1.7857	2	2.1739	2.381
5		34T	1.2143	1.36	1.4783	1.619
6						
7						
8						
9						
10						

■「数値」の表示形式

	A	B	C	D	E	F
1						
2		ギア比の一覧				
3			28T	25T	23T	21T
4		50T	1.786	2.000	2.174	2.381
5		34T	1.214	1.360	1.478	1.619
6						
7						
8						
9						
10						

図4-9 「標準」と「数値」の表示形式の比較

また、**小数点以下の表示桁数**に応じて、数値データの一部が四捨五入されて表示されることも覚えておかなければいけません。以下の図は、「12.3456」という数値データを入力したセルの小数点以下の表示桁数を、0桁、1桁、2桁、3桁に指定した場合の例です。表示される桁数に合わせて、次の位で四捨五入されているのを確認できると思います。

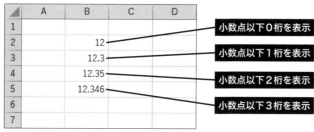

図4-10　小数点以下の表示桁数と四捨五入

このときに注意すべきポイントは、**数値データそのものは四捨五入されない**ということです。各セルに入力したデータは「12.3456」のまま変化せず、その表示方法だけが変化する仕組みになります。試しに、セルを選択して**数式バー**を見てみると、各セルに保持されているデータは「12.3456」のまま変化していないことを確認できます。

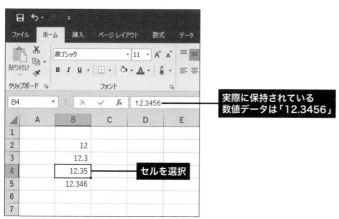

図4-11　「セルの表示」と「保持されている数値データ」

通貨/会計の表示形式

「**通貨**」と「**会計**」の表示形式は、数値データの先頭に「¥」や「$」の**通貨記号**を付けて表示するときに指定します。いずれも、**小数点以下の表示桁数**を自由に指定することが可能です。**桁区切り**（,）は必ず表示されます。また、「通貨」の表示形式では、**負の数の表示方法**も指定できます。

図4-12　「通貨」と「会計」の表示形式の指定

以下に、それぞれの表示形式を指定した場合の例を紹介しておくので参考にしてください。「通貨」を指定した場合は"数値の先頭"に、「会計」を指定した場合は"セルの左端"に通貨記号が表示されます。また、「会計」の表示形式では、0の数値データが「-」（ハイフン）で表示される仕組みになっています。

	A	B	C	D	E
1					
2		通貨	会計		
3		¥540	¥ 540		
4		¥1,080	¥ 1,080		
5		¥2,473	¥ 2,473		
6		¥0	¥ -		
7					
8					

図4-13　「通貨」と「会計」の表示形式の比較

列に対して表示形式を指定

「数値」や「通貨」、「会計」といった表示形式を指定するときに、"セル範囲"ではなく"列"を選択して表示形式を指定しても構いません。この場合、見出しとなるセル（以下の図ではC3セル）の表示形式も変更されてしまいますが、影響を受けるのは数値データだけなので、特に問題なく書式指定を完了できます。表示形式を素早く指定するテクニックの一つとして覚えておいてください。

図4-14　C列全体に「通貨」の表示形式を指定した場合

パーセンテージの表示形式

数値データを百分率（％）で表示したい場合は「パーセンテージ」の表示形式を指定します。たとえば、「0.12」という数値データを入力したセルに「パーセンテージ」の表示形式を指定すると、そのセルの表示を「12%」に変更できます。このとき、**小数点以下の表示桁数**を指定することも可能です。この場合、小数点以下第1位は1/1,000、小数点以下第2位は1/10,000の位を示すことになります。

図4-15 「パーセンテージ」の表示形式の指定

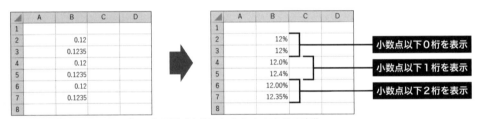

図4-16 「パーセンテージ」の表示形式を指定したときの表示の変化

日付／時刻の表示形式

　セルに日付データを入力するときは、「2016/3/5」もしくは「3/5」のようにデータを入力するのが一般的です。年の入力を省略した場合は、今年の日付として処理される仕組みになっています。同様に、時刻データを入力するときは「10:30」や「10:30:45」のようにデータを入力するのが一般的です。正午以降の時刻を入力するときは「18:15」のように24時間制で時刻を入力しなければいけません。
　こういった日付や時刻の表示方法を自由に変更したい場合は、「日付」や「時刻」の表示形式を指定します。いずれも、設定画面の右側で細かな表示方法、国（地域）、西暦／和暦などを指定できます。

図4-17 「日付」と「時刻」の表示形式の指定

	A	B	C	D	E
1					
2		日付	時刻		
3		2016/3/5	10:30:45		
4		2016年3月5日	10:30		
5		3月5日	10:30 AM		
6		3/5	10:30:45 AM		
7		H28.3.5	10時30分		
8		平成28年3月5日	10時30分45秒		
9					
10					

図4-18 「日付」や「時刻」の表示方法を変更した場合の例

　このとき、年/月/日や時:分:秒をそれぞれ2桁（または4桁）に揃えて表示したい場合もあると思います。この場合は「ユーザー定義」の表示形式を指定し、自分で表示形式を作成しなければいけません。これについてはP31～34で詳しく解説します。

「日付」と「時刻」は数値データの一種

　Excelは、日付や時刻も数値データの一種として扱います。その起点となるのは1900年1月1日で、この日付が数値データの「1」に対応する仕組みになっています。以降は、1日経過するごとに数値が1ずつ増加していきます。たとえば、1900年1月2日は数値データの「2」、1900年12月31日は数値データの「366」として処

理されます（注：1900年は閏年ではありませんが、諸般の事情によりExcelでは1900年を閏年として処理しています）。ちなみに、2016年4月1日を数値データに変換すると「42461」になります。

■「日付」の表示形式を指定

	A	B	C
1			
2		1900年1月1日	
3		1900年1月2日	
4		1900年12月31日	
5		2016年4月1日	
6			

■「数値」の表示形式を指定

	A	B	C
1			
2		1	
3		2	
4		366	
5		42461	
6			

図4-19　「日付」の「数値」の関係

　時刻は小数点以下の数値として扱われるため、正午（12:00）が0.5として処理されます。同様に、6:00は0.25、18:00は0.75となります。日付と組みわせると、2016年4月1日の正午は「42461.5」という数値データになります。
　いずれも内部的な処理方法に関する話なので特に意識する必要はありませんが、日付や時刻の計算を行う際に役立つ場合もあるので、頭の片隅にでも覚えておくとよいでしょう。

文字列の表示形式

　「**文字列**」の表示形式は、入力したデータをそのままセルに表示する場合に指定します。たとえば、セルに「+5」というデータを入力すると、「+」の文字が自動的に省略され、「5」という数値だけがセルに表示されます。

	A	B	C	D
1				
2		+5		
3				
4				

	A	B	C	D
1				
2		5		
3				
4				

図4-20　「+」記号の自動省略

　とはいえ、数値の増減を示したい場合など、「+」の文字を残しておきたい場合もあると思います。このような場合は、あらかじめ「文字列」の表示形式を指定してからデータを

入力すると、入力した内容をそのまま文字データとしてセルに表示できます。

図4-21 「文字列」の表示形式の指定

そのほか、「=」（イコール）で始まるデータを数式や関数として扱わない場合も、「文字列」の表示形式が活用できます。念のため、覚えておいてください。

ユーザー定義の表示形式

「ユーザー定義」の表示形式は、日時などの表示をカスタマイズする場合に利用します。ただし、この表示形式を指定するには、**書式記号**の記述方法を知っておく必要があります。たとえば、日付の表示形式を指定するときは、以下のような書式記号を使って表示形式を指定します。

- yy .... 年（西暦）を下2桁で表示
- yyyy .... 年（西暦）を4桁で表示

- m .... 月を表示（1～12）
- mm .... 月を必ず2桁で表示（01～12）
- mmm .... 月を英語の省略形3文字で表示（Jan～Dec）
- mmmm .... 月を英語表記で表示（January～December）

d	………	日を表示（1～31）
dd	………	日を必ず2桁で表示（01～31）
ddd	………	曜日を英語の省略形3文字で表示（Sun～Sat）
dddd	………	曜日を英語表記で表示（Sunday～Saturday）
ggg	………	和暦の元号を「明治」「大正」「昭和」「平成」と表示
gg	………	和暦の元号を「明」「大」「昭」「平」と表示
g	………	和暦の元号を「M」「T」「S」「H」と表示
e	………	年を和暦で表示

　年、月、日を区切る「/」や「-」などの記号は、そのまま記述して表示形式を指定します。そのほか、"年"や"月"のようにセル内に表示する文字をダブルクォーテーションで囲んで指定することも可能です。具体的な例を示しながら解説していきましょう。
　たとえば、以下の図のように「ユーザー定義」の表示形式を指定すると、月/日を2桁に統一して表示したり、年号を和暦で表示したりすることが可能となります。

図4-22　「ユーザー定義」で表形形式を指定した例（1）

図4-23 「ユーザー定義」で表形式を指定した例（2）

　同様に、時刻の表示形式を指定する書式記号も用意されています。以下に、主な書式記号をまとめておくので、時刻の表示をカスタマイズするときの参考にしてください。

　　`h` ………… 時を表示（0～23）
　　`hh` ………… 時を必ず2桁で表示（00～23）

　　`m` ………… 分を表示（0～59）
　　`mm` ………… 分を必ず2桁で表示（00～59）

　　`s` ………… 秒を表示（0～59）
　　`ss` ………… 秒を必ず2桁で表示（00～59）

　　`AM/PM` …… 時刻を12時間制（午前/午後）で表示

　　`[h]` ………… 24時間以上の経過時間を表示する場合（0～∞）
　　`[m]` ………… 60分以上の経過時間を表示する場合（0～∞）
　　`[s]` ………… 60秒以上の経過時間を表示する場合（0～∞）

表示形式	保持されているデータ	セルの表示
hh:mm:ss	15:06:10	15:06:10
hh"時"mm"分"	15:06:10	15時06分
AM/PM h:mm	15:06:10	PM 3:06
[m]"分"s"秒"	15:06:10	906分10秒
[s]"秒"	15:06:10	54370秒
[h]"時間"mm"分"	1900/1/1 6:21:00	30時間21分

　ここで紹介した内容のほかにも、Excelには様々な書式記号が用意されています。数値の表示形式を「ユーザー定義」でカスタマイズすることも可能です。気になる方は「Excel　表示形式　ユーザー定義」などのキーワードでWeb検索してみるとよいでしょう。書式記号の記述方法を詳しく解説しているWebサイトを見つけられると思います。

@の書式記号を利用したユーザー定義

　ユーザー定義を利用して、データの最後に「様」などの文字を自動付加する表示形式を指定することも可能です。この場合は、ユーザー定義の表示形式を「@"様"」と記述します。同様に「"〒"@」とユーザー定義の表示形式を指定し、データの先頭に「〒」の記号を自動付加することも可能です。

　@（アットマーク）の書式記号は、入力された内容をそのまま文字データとして表示することを意味しています。応用範囲の広い書式記号なので、覚えておくと様々な場面で活用できると思います。

05 「セルの書式設定」を使って効率よく書式を指定

「セルの書式設定」の呼び出し

　これまでの解説でも何度か紹介しているように、「**セルの書式設定**」を使って各セルの書式を指定することも可能です。［ホーム］タブには用意されていない書式もあるので、必ず使い方を覚えておいてください。「セルの書式設定」を呼び出すときは、セル（またはセル範囲）を選択した状態で［ホーム］タブにある をクリックします。

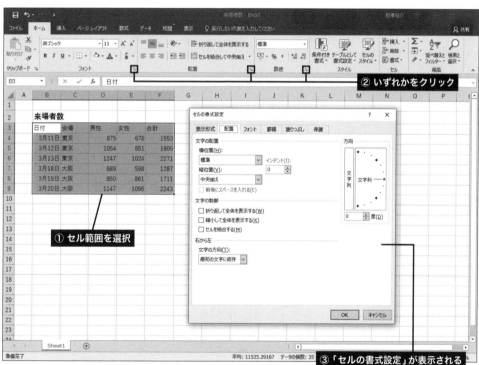

図5-1　「セルの書式設定」の表示

　「セルの書式設定」には6つのタブが用意されています。最初に表示されるタブは、 をクリックする位置に応じて次ページのように変化します。

「フォント」の領域にある ⤢ ……………［フォント］タブ
「配置」の領域にある ⤢ ………………［配置］タブ
「数値」の領域にある ⤢ ………………［表示形式］タブ

　他のタブを利用するときは、いずれかの ⤢ をクリックして「セルの書式設定」を表示してから目的のタブを選択します。
　また、[Ctrl]＋[1]キーで「セルの書式設定」を呼び出すことも可能です。ただし、テンキーにある［1］キーではなく、**キーボードの左上にある [1] キー**を押さなければいけません。

　「セルの書式設定」の [**表示形式**] **タブ**については、P23〜34で詳しく解説しているので、ここでは他のタブに用意されている書式について解説していきます。

［配置］タブを使った書式の指定

　「セルの書式設定」の [**配置**] **タブ**では、各セルに入力したデータの配置方法を指定できます。P17〜19で紹介した「均等割り付け」を指定する場合などに活用するとよいでしょう。そのほか、文字を斜めに配置したり、セルを結合したりする書式も用意されています。

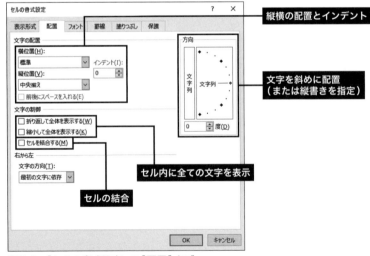

図5-2　「セルの書式設定」の [配置] タブ

たとえば、「**方向**」に「**45度**」を指定すると、図5-3のように文字を斜めに配置することが可能となります。この配置方法は、幅が小さいセルに多くの文字を表示したい場合に活用できます。

　「**折り返して全体を表示する**」は、P16で解説したコマンドと同じ書式です。似たような書式として「**縮小して全体を表示する**」という書式もあります。こちらは図5-4のように「セルの幅」に合わせて文字を縮小表示する機能となります（セルに指定した文字サイズは変化しません）。

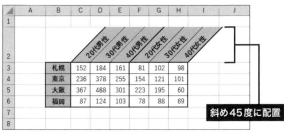

図5-3　文字を斜めに配置　　　　　　　　　　　図5-4　縮小して全体を表示する

　また、複数のセルを選択した状態で「**セルを結合する**」をONにすると、選択していたセルを1つのセルとして扱えるようになります。

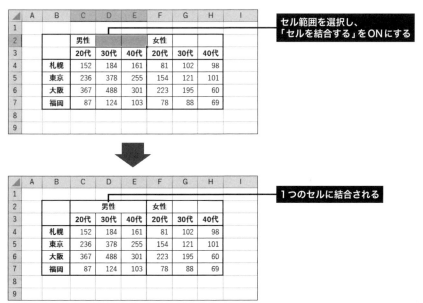

図5-5　セルの結合

セルを結合して中央揃え

　［ホーム］タブにある「セルを結合して中央揃え」をクリックして、"複数のセル"を"1つのセル"に結合することも可能です。この場合は、「セルの結合」と「中央揃え」の書式がまとめて指定されます。

図5-6　セルを結合して中央揃え

［フォント］タブを使った書式の指定

　「セルの書式設定」の［**フォント**］**タブ**では、フォント、文字サイズ、文字色、太字/斜体などの書式を指定できます。ただし、ほとんどの書式が［ホーム］タブに用意されているコマンドと重複するため、この設定画面を利用する機会はあまり多くありません。「**取り消し線**」、「**上付き**」、「**下付き**」といった書式を指定する場合に活用してください。

図5-7　「セルの書式設定」の［フォント］タブ

これらの書式を、セル内の"一部の文字"に対して指定することも可能です。この場合は、書式指定の対象とする文字を**数式バー**で選択してから、「フォント」の領域にある▣をクリックします（P14を参考）。「CO_2」のように特定の文字だけを「下付き」で表示する場合などに活用するとよいでしょう。

［罫線］タブを使った書式の指定

　「セルの書式設定」の［**罫線**］**タブ**は、表の罫線を素早く指定したい場合に使用します。上下左右の罫線（外枠）だけでなく、内側にある罫線の書式も指定できるため、［ホーム］タブの「罫線」コマンドより効率よく罫線を指定できると思います。また、**点線の罫線**を描画したり、**斜めの罫線**を描画したりする場合にも「セルの書式設定」が活用できます。

　罫線の書式を指定するときは、最初に画面左側で「スタイル」と「色」を指定します。続いて、画面右側にあるボタンをクリックして罫線を描画する位置を指定します。ボタンをクリックするごとに、罫線の描画／消去が切り替わります。同様の操作を繰り返して、上／下／左／右（外枠）ならびに内縦線／内横線（内側）に書式が異なる罫線を指定することも可能です。

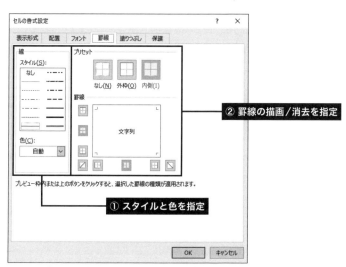

図5-8　「セルの書式設定」の［罫線］タブ

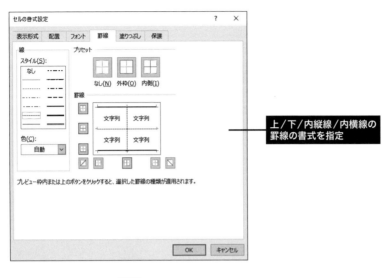

図5-9 「セルの書式設定」を使った罫線の指定

［塗りつぶし］タブを使った書式の指定

　「セルの書式設定」の[**塗りつぶし**]**タブ**では、セルの背景色を指定することができます。そのほか、セルの背景を**グラデーション**や**パターン**にする機能も用意されています。使用頻度はあまり高くありませんが、いちど試してみるとよいでしょう。

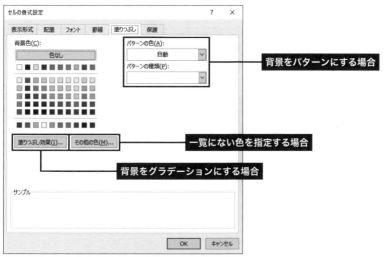

図5-10 「セルの書式設定」の［塗りつぶし］タブ

［保護］タブについて

「セルの書式設定」の［**保護**］**タブ**は、操作を許可するセルを限定する場合に使用します。これを適切に設定しておくと、操作ミスによりデータや数式が削除されてしまうトラブルを防ぐことが可能となります。ただし、この機能を使用するには**シートの保護**を有効にしなければいけません。これについては、本書のP97～104で詳しく解説します。

図5-11 「セルの書式設定」の［保護］タブ

06 セルの選択とショートカットキー

■ キーボードを使ったセル範囲の選択

　セルに書式を指定する操作のように、Excelでは**セル範囲**を選択してから各種操作を行うケースが多くあります。このとき、キーボードを使ってセル範囲を選択することも可能です。状況に応じて素早く操作を完了できるように、キーボードを使ったセル範囲の選択方法も覚えておくとよいでしょう。

　キーボードでセル範囲を選択するときは、[Shift]キーを押しながら上下左右の[**矢印**]**キー**を押します。たとえば、[Shift]＋[→]キーを押すと、右方向へ選択範囲を拡張することができます。

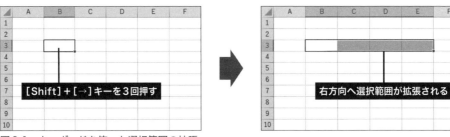

図6-1　キーボードを使った選択範囲の拡張

　さらに、この状態から[Shift]＋[↓]キーを押して、下方向へ選択範囲を拡張していくことも可能です。

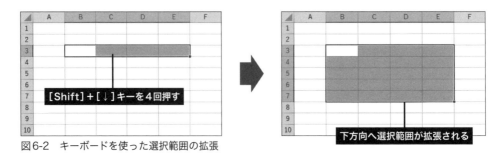

図6-2　キーボードを使った選択範囲の拡張

また、[Ctrl]キーと[Shift]キーの両方を押しながら選択範囲を拡張していく方法も用意されています。この場合は、データが入力されているセル範囲を一気に選択することができます。

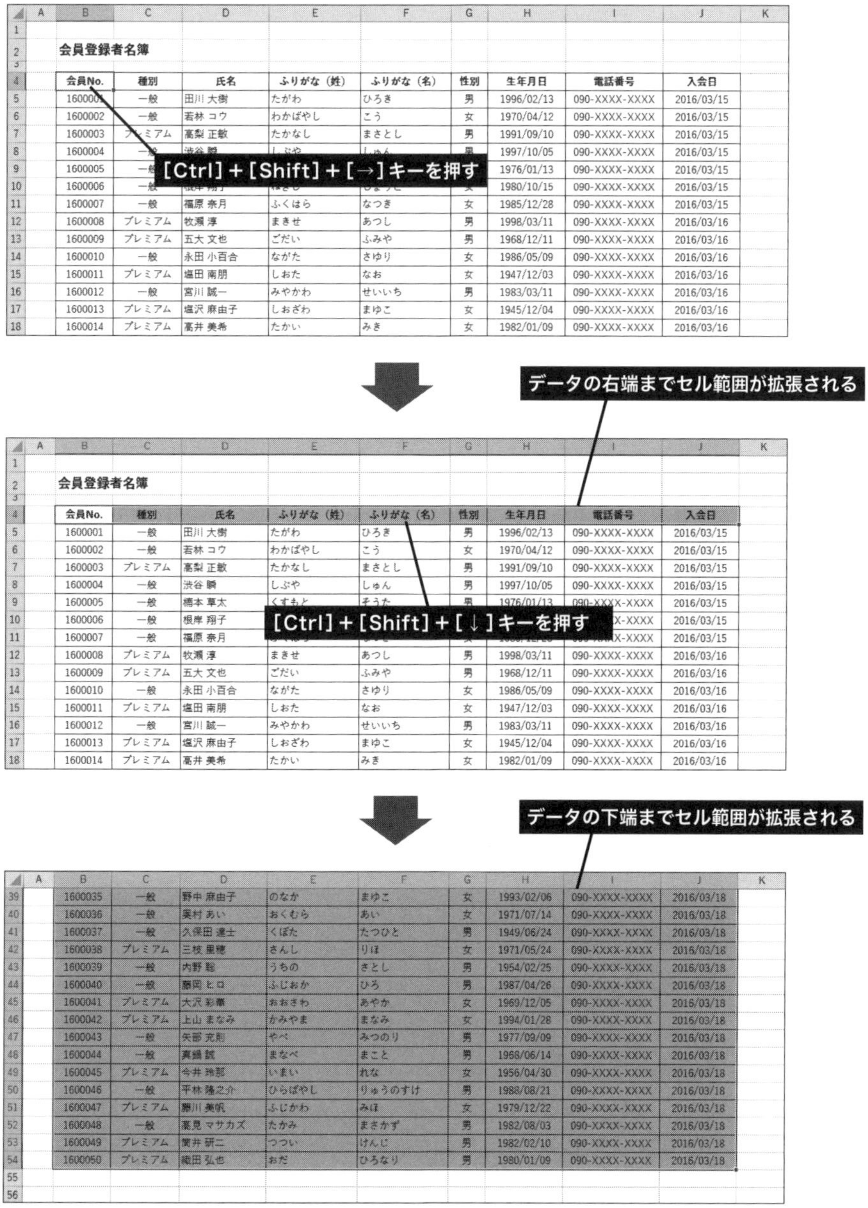

[Ctrl]+[Shift]+[→]キーを押す

データの右端までセル範囲が拡張される

[Ctrl]+[Shift]+[↓]キーを押す

データの下端までセル範囲が拡張される

図6-3 キーボードを使った選択範囲の拡張

もちろん、マウスをドラッグしてセル範囲を選択しても構いません。ただし、表のサイズが大きくなると、マウスをドラッグしながら画面をスクロールする必要があり、それだけ操作が面倒になります。また、途中でマウスのボタンを離してしまう操作ミスを起こす可能性もあります。セル範囲をスムーズに選択できるように、[Ctrl]＋[Shift]＋[矢印]キーを使った選択方法も覚えておくとよいでしょう。

複数のセル範囲を同時に選択

　複数のセル範囲を同時に選択することも可能です。この場合は、[Ctrl]キーを押しながらマウスをドラッグして、セル範囲の選択を追加していきます。

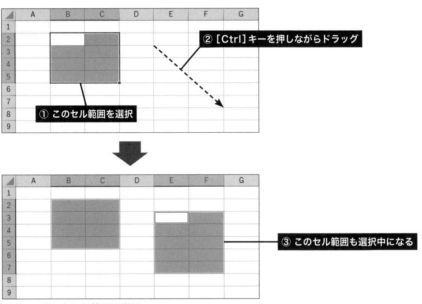

図6-4　離れたセル範囲の選択

　この選択方法は、セルに書式を指定する場合などに活用できます。たとえば、表の見出しとなるセルに「太字」、「背景色」、「太い外枠」の書式を指定する場合を考えてみましょう。この場合は、まず"表の上端"にあるセル範囲に「太字」、「背景色」、「太い外枠」の書式を指定し、さらに"表の左端"にあるセル範囲にも同様の書式を指定するのが一般的です。つまり、同じ書式指定を2回繰り返すことになります。

このような場合に、以下に示した手順で操作を行うと、1回の操作で書式指定を完了できるようになります。

1 B3〜F3のセル範囲をドラッグして選択します。続いて、[Ctrl]キーを押しながらB3〜B11のセル範囲をドラッグし、セル範囲の選択を追加します。

2 B3〜F3とB3〜B11のセル範囲が同時に選択された状態になります。この状態で「太字」、「背景色」、「太い外枠」の書式を指定します。

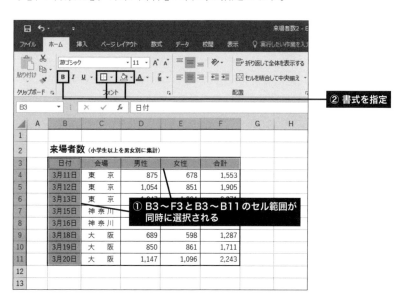

3 B3～F3とB3～B11のセル範囲に「太字」、「背景色」、「太い外枠」の書式が一括指定されます。

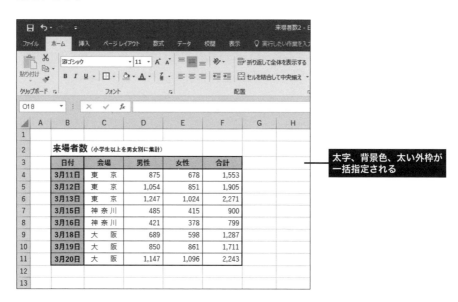

このような操作方法を知らなくても書式を指定することは可能ですが、必要以上に手間をかけて作業を進めることになります。セル範囲の同時選択が便利に活用できる場面は意外と多いので、ぜひ使い方を覚えておいてください。繰り返し操作を少しでも減らせるようになると思います。

覚えておくと便利なショートカットキー

パソコンで効率よく作業を進めたい場合は、なるべくマウスを使わないようにし、キーボード中心の操作を心がけるのが基本です。「マウスを全く使わない」という訳にはいきませんが、上級者になるほどキーボードを使う割合が多くなるのも事実です。少しでも早く作業を終えられるように、よく使う機能の**ショートカットキー**を覚えておくとよいでしょう。

以降に、Excelで使える代表的なショートカットキーを紹介しておくので参考にしてください。もちろん、これらのショートカットキーを全て覚える必要はありません。頻繁に

使用する機能だけで構わないので、ショートカットキーを使った操作方法も確認しておくとよいでしょう。

■セルの選択
　　　[Ctrl]＋[A] ……………………… 表全体（またはワークシート全体）を選択する
　　　[Ctrl]＋[Space] ……………… 列全体を選択する
　　　[Shift]＋[Space] ……………… 行全体を選択する
　　　[Shift]＋[矢印] ………………… 矢印キーの方向へ選択範囲を拡張する（P42）
　　　[Ctrl]＋[Shift]＋[矢印] ……… 表の端まで選択範囲を拡張する（P43）

■カーソルの移動
　　　[矢印] …………………………… 矢印キーの方向へカーソルを移動する
　　　[Tab] …………………………… 1つ右のセルへカーソルを移動する
　　　[Shift]＋[Tab] ………………… 1つ左のセルへカーソルを移動する
　　　[Enter] ………………………… 1つ下のセルへカーソルを移動する
　　　[Shift]＋[Enter] ……………… 1つ上のセルへカーソルを移動する
　　　[Ctrl]＋[矢印] ………………… 表の端までカーソルを移動する
　　　[Ctrl]＋[Home] ……………… A1セルへカーソルを移動する
　　　[Ctrl]＋[End] ………………… データが入力されている最後のセルへカーソルを移動する

■ワークシートの切り替え
　　　[Ctrl]＋[Page Up] …………… 1つ前のワークシートに切り替える
　　　[Ctrl]＋[Page Down] ………… 1つ後のワークシートに切り替える

■セルの書式指定
　　　[Ctrl]＋[1]※ …………………… 「セルの書式設定」を呼び出す（P36）
　　　[Ctrl]＋[B] …………………… 太字の書式を指定／解除する
　　　[Ctrl]＋[I] ……………………… 斜体の書式を指定／解除する
　　　[Ctrl]＋[U] …………………… 下線の書式を指定／解除する
　　　[Ctrl]＋[5]※ …………………… 取り消し線の書式を指定／解除する
　　　[Ctrl]＋[Shift]＋[&] ………… 選択範囲に外枠の罫線を描画する
　　　[Ctrl]＋[Shift]＋[_] ………… 選択範囲の罫線を削除する
　　　※テンキーでない方の[数字]キーを押します。

■データ入力、セルの複製
　　　［Ctrl］＋［Enter］……… 選択範囲に同じデータを入力する(P8)
　　　［Alt］＋［Enter］………… セル内で改行する(P17)
　　　［Ctrl］＋［D］…………… 1つ上にあるセルを複製する
　　　［Ctrl］＋［R］…………… 1つ左にあるセルを複製する

■機能の呼び出し
　　　［F1］……………………… ヘルプを呼び出す
　　　［Ctrl］＋［F1］…………… リボンの表示／非表示を切り替える
　　　［F12］……………………… ファイルに名前を付けて保存する
　　　［Ctrl］＋［P］…………… 印刷の設定画面を開く
　　　［Ctrl］＋［F］…………… 検索画面を呼び出す
　　　［Ctrl］＋［H］…………… 置換画面を呼び出す

■その他、一般的な操作
　　　［Ctrl］＋［S］…………… ファイルを上書き保存する
　　　［Ctrl］＋［N］…………… 新しいブックを作成する
　　　［Ctrl］＋［C］…………… セル（またはデータ）をクリップボードにコピーする
　　　［Ctrl］＋［V］…………… クリップボードにコピーしたセル（データ）を貼り付ける
　　　［Ctrl］＋［X］…………… セル（またはデータ）を切り取る（コピーして削除する）
　　　［Ctrl］＋［Z］…………… 直前の操作を取り消す
　　　［Ctrl］＋［Y］…………… ［Ctrl］＋［Z］で取り消した操作をやり直す

07 | サイズが大きい表の見出しを固定する

"見出し"となる行を画面に固定するには？

データ数が多く、1つの画面には収まりきらない大きな表を扱う場合もあると思います。このとき、画面を下方向へスクロールさせると、"見出し"となる行も一緒にスクロールされるため、各列が何を示しているのか分からなくなってしまいます。

図7-1　スクロールにより"見出し"が表示されなくなった表

このような場合は、「**ウィンドウ枠の固定**」という機能を使って"見出し"の行を画面に固定しておくと、常に"見出し"が表示される画面表示に変更できます。行を画面に固定するときは、"見出し"の次の行にある**A列のセル**を選択し、次ページのように操作します。

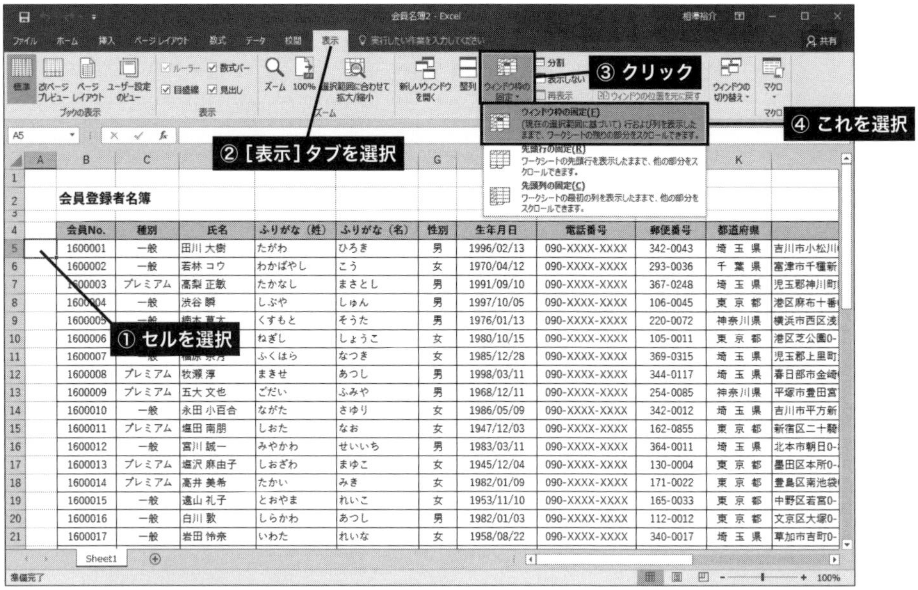

図7-2 "見出し"となる行を画面に固定する操作

　これで「選択していたセルより上にある行」が画面に固定され、画面をスクロールさせても常に"見出し"が表示されるようになります。

図7-3 下方向へスクロールしたときの表示

サイズの大きな表を扱うときに重宝する機能なので、必ず使い方を確認しておいてください。なお、「ウィンドウ枠の固定」を解除し、通常の表示方法に戻すときは、以下のように操作します。

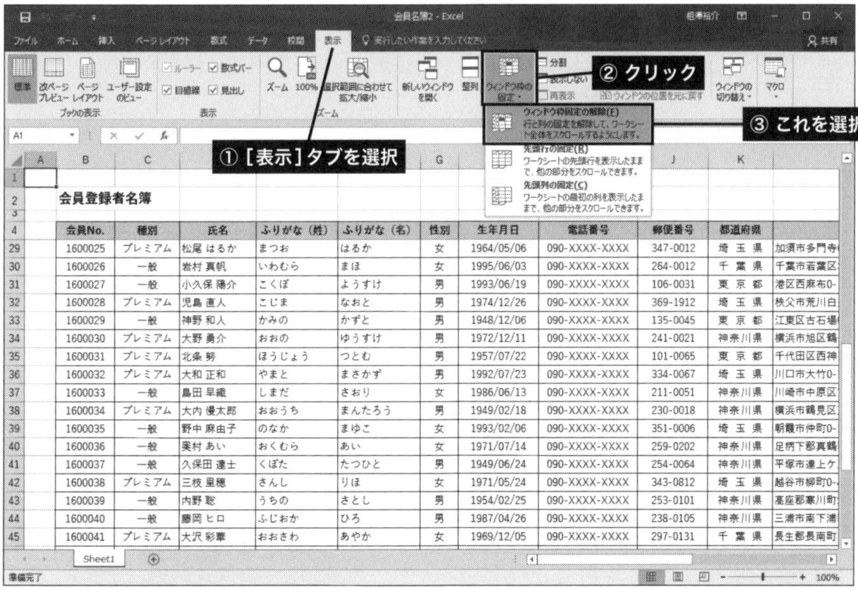

図7-4 「ウィンドウ枠の固定」の解除

行と列の両方を画面に固定するには？

先ほどと同様の手順で、行と列の両方を画面に固定することも可能です。この場合は、**固定しない範囲の左上にあるセル**を選択して「ウィンドウ枠の固定」を指定します。

たとえば、E5セルを選択した状態で「ウィンドウ枠の固定」を指定すると、1～4行とA～D列を画面に固定できます。上下方向だけでなく、左右方向にもスクロールしながら作業を進めていく場合に活用するとよいでしょう。

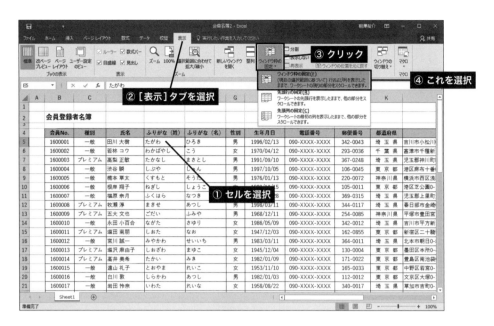

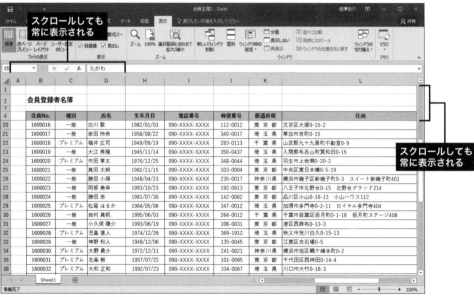

図7-5 行と列の両方を画面に固定

08 大きな表を印刷するときの必須テクニック

基本的な印刷手順

続いては、ワークシート上に作成した表を**印刷**するときの操作手順について解説します。ワークシートを印刷するときは[**ファイル**]**タブ**を選択し、左端のメニューから「**印刷**」を選択します。

すると、図8-1のような画面が表示されます。この画面で部数や印刷方法などを設定し、[**印刷**]**ボタン**をクリックすると、印刷を実行できます。

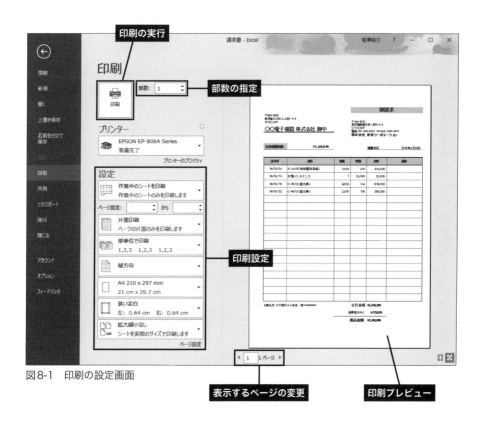

図8-1　印刷の設定画面

サイズが小さい表は、特に問題なく印刷を実行できると思います。問題となるのは、サイズが大きい表を印刷する場合です。表が1枚の用紙に収まらない場合は、以降に示す手順で、印刷方法を調整していく必要があります。

用紙の向き、余白、印刷倍率の指定

まずは、手軽に指定できる印刷設定から紹介していきます。表が用紙に収まらない場合は、**余白**を狭くし、**用紙の向き**を「横方向」に変更してみます。

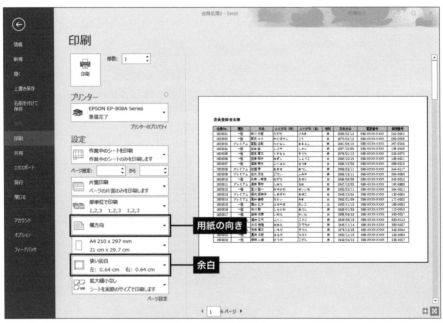

図8-2　余白を狭くし、用紙の向きを「横」に指定した場合

これで表の幅全体を用紙に収められる場合もあります。ただし、今回の例は表のサイズが大きく、「余白」と「用紙の向き」を変更しただけでは全ての列を1枚の用紙に収めることができません。このような場合は、「拡大縮小なし」の項目を「**すべての列を1ページに印刷**」に変更すると、表の幅全体を1枚の用紙に収められます。

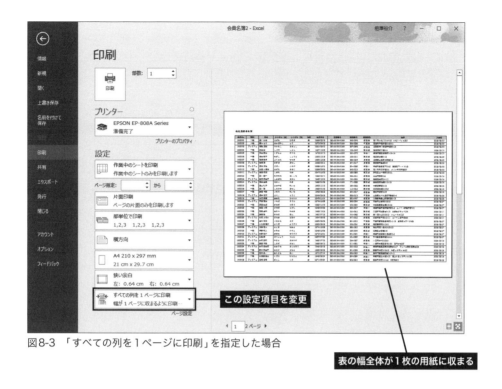

図8-3 「すべての列を1ページに印刷」を指定した場合

ただし、この設定項目は印刷倍率を縮小する機能となるため、文字サイズが小さくなるという弱点があります。状況によっては、文字が読めなくなるほど小さく印刷されてしまう場合もあるでしょう。

このような場合は別の方法を試みなければいけません。そもそも「大きな表を限られた用紙（A4サイズ）に収める」というのが無理難題であり、絶対的な解決方法はないのが実情です。複数の用紙に分ける、不要な列の印刷を省く、などの工夫を施さなければいけません。

ページ レイアウトと改ページ プレビュー

それでは、印刷する範囲を細かく指定する方法を解説していきましょう。「すべての列を1ページに印刷」の設定項目を「拡大縮小なし」に戻し、 をクリックして通常の編集画面に戻します。

1枚の用紙に印刷する範囲を自分で指定するときは、Excelの画面表示を「**ページ レイアウト**」や「**改ページ プレビュー**」に切り替えて操作します。画面表示の切り替えは、Excelウィンドウの右下にある3つのアイコンで指定します。

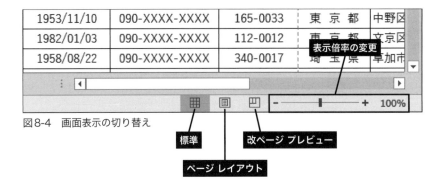

図8-4　画面表示の切り替え

　「ページ レイアウト」のアイコンをクリックし、画面の表示倍率を小さくしていくと、図8-5のような画面表示になります。この画面では、それぞれの用紙に印刷される範囲を確認しながら作業を進めていくことが可能です。用紙に合わせて「列の幅」を調整する場合などに活用してください。

図8-5　「ページ レイアウト」の画面表示

画面表示を「改ページ プレビュー」に切り替えると、「ページの区切り」が青い点線で表示されます。この画面表示は、各ページに印刷する範囲を自分で指定するときに活用します。青い線をドラッグして各ページに印刷する範囲を変更すると、その範囲が用紙に収まるように印刷倍率が自動調整される仕組みになっています。

図8-6 「改ページ プレビュー」の画面表示

これらの機能を使って最適な印刷結果になるように調整していくのが、大きな表を印刷するときの基本となります。初心者がつまづきやすいポイントなので、その仕組みをよく確認しておいてください。

不要な列を省略して印刷するには？

サイズが大きい表を印刷するときに、「表を複数のページに分けたくない」、さらに「縮小印刷もしたくない」という場合は、あまり重要でない列を省略して印刷するしか手段がありません。続いては、不要な列を省略して印刷する方法を解説します。

まずは、不要な列を「非表示」に設定します。列ボタンをクリック（またはドラッグ）して不要な列を選択し、**右クリックメニュー**から「**非表示**」を選択します。

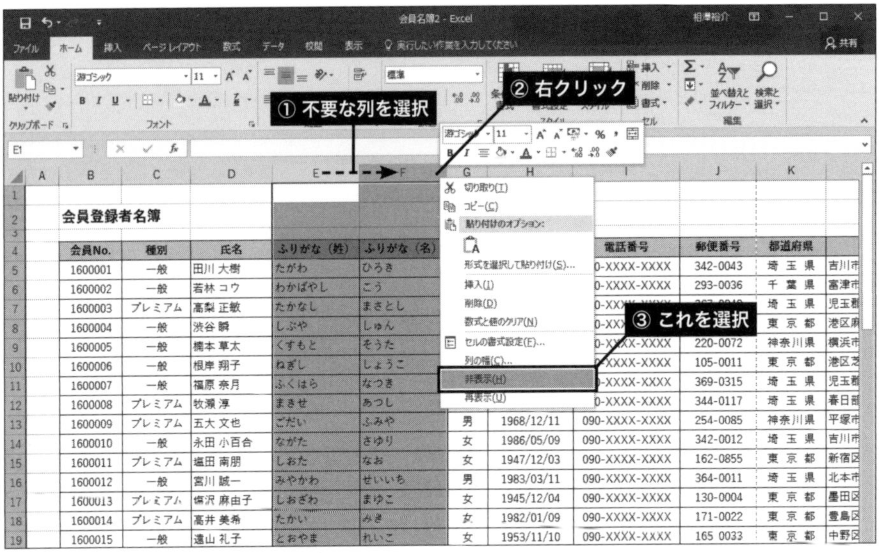

図8-7　不要な列を「非表示」に設定

すると、選択していた列が非表示になり、以降の列が左に詰めて表示されます。

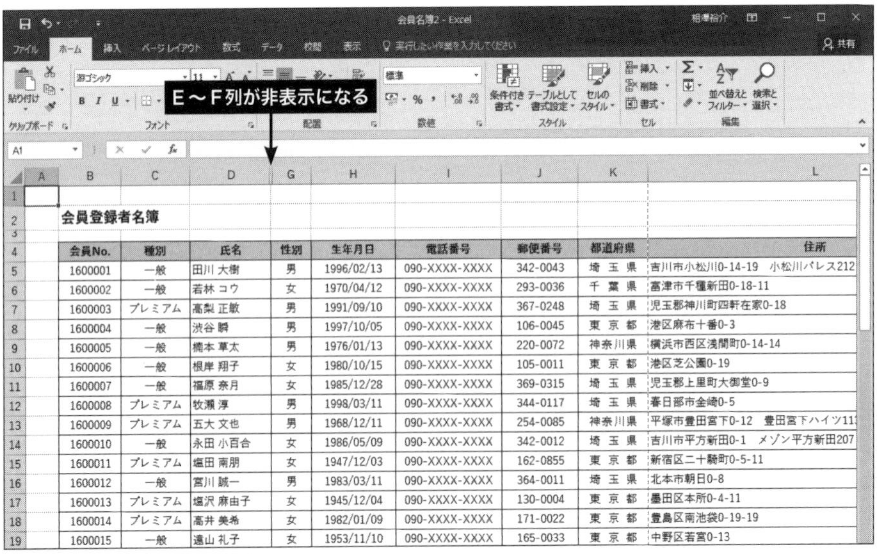

図8-8　列を非表示にした表

同様の操作を繰り返して、印刷しない列を「非表示」に設定していきます。このとき、画面表示を「ページ レイアウト」に切り替えておくと、印刷結果をイメージしやすくなります。

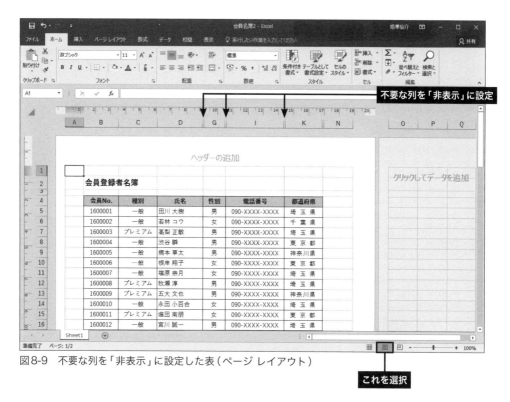

図8-9　不要な列を「非表示」に設定した表（ページ レイアウト）

　この状態で［ファイル］タブ→「印刷」を選択すると、画面に表示されている状態で表を印刷することができます。必要に応じて「余白」や「用紙の向き」を調整するとよいでしょう。また、「少しくらいなら縮小印刷されても構わない」という場合は、「すべての列を1ページに印刷」を指定するのも効果的です。

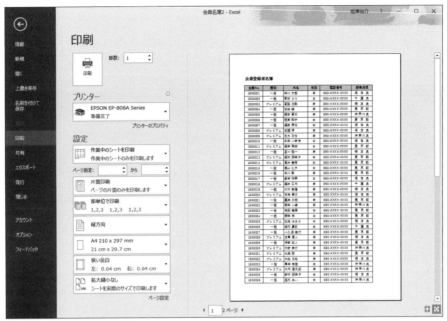

図8-10 一部の列を省略した表の印刷イメージ

　印刷が完了したら「非表示」の設定を解除し、全ての列が画面に表示されるように設定を戻しておきます。この操作は、「非表示にした列」を含むように列を選択し、**右クリックメニュー**から「**再表示**」を選択すると実行できます。

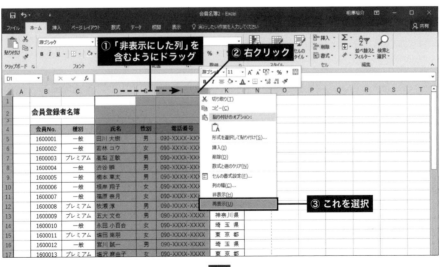

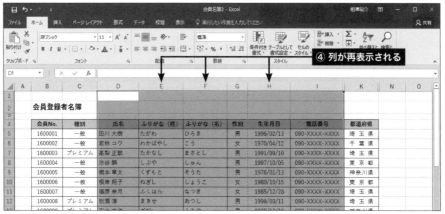

図8-11 非表示に設定した列の再表示

見出しとなる行を各ページに印刷するには？

　行数が多く、表を縦方向に2枚以上に分けて印刷するときは、**表の"見出し"を全ての用紙に印刷**するように設定しておくと便利です。P49～52で紹介した「ウィンドウ枠の固定」は画面の表示方法だけを指定する機能であり、印刷には反映されません。以下に示す方法で「全ページに印刷する行」を指定しておく必要があります。

1 ［ページ レイアウト］タブを選択し、「**印刷タイトル**」をクリックします。

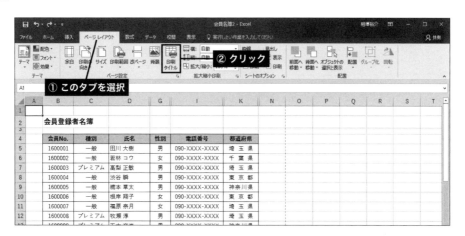

2 「ページ設定」の画面が表示されるので、「**タイトル行**」の右端にある  をクリックします。

3 全ページに印刷する行をマウスのドラッグで指定し、 をクリックします。

4「ページ設定」の画面に戻るので、[OK]ボタンをクリックします。

クリック

5 画面表示を「**ページ レイアウト**」に切り替えてから下方向へスクロールしていくと、2ページ目以降にも"見出し"の行が表示（印刷）されているのを確認できます。

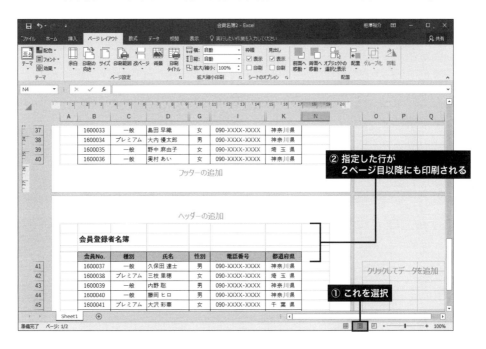

① これを選択
② 指定した行が2ページ目以降にも印刷される

ヘッダーとフッターの設定

　表を2枚以上に用紙に分けて印刷するときは、ヘッダー・フッターを指定しておくと、印刷結果を整理しやすくなります。**ヘッダー**は「ページ上部にある余白」に印刷される文字、**フッター**は「ページ下部にある余白」に印刷される文字となります。これらの領域には、表のタイトルや作成日、ページ番号などを記しておくのが一般的です。

　ここでは、ヘッダーに「タイトル」と「作成日」、フッターに「ページ番号」を記載する場合を例に操作手順を解説します。

1 画面表示を「**ページ レイアウト**」に切り替え、「**ヘッダーの追加**」と表示されている部分をクリックします。ヘッダーを"ページの左端"に配置するときは左側のボックス、"ページの中央"に配置するときは真ん中のボックス、"ページの右端"に配置するときは右側のボックスをクリックします。

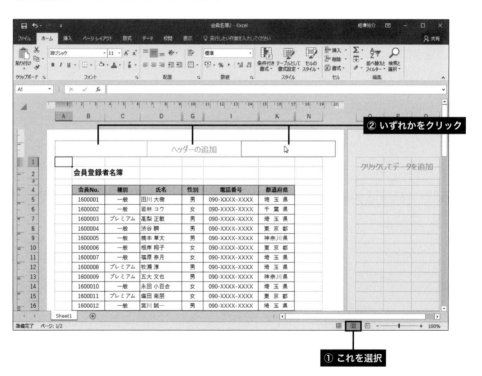

2 ボックス内にカーソルが表示されるので、ヘッダーに記す文字を入力します。このとき、[**ホーム**]**タブ**にあるコマンドを使って文字の書式を指定することも可能です。

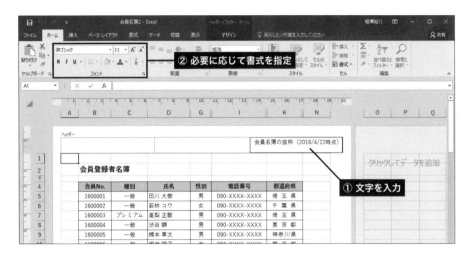

3 続いて、フッターにページ番号を配置します。画面を下へスクロールし、「**フッターの追加**」と表示されている部分をクリックします。文字を配置する位置（左端／中央／右端）の指定は、ヘッダーの場合と同じです。

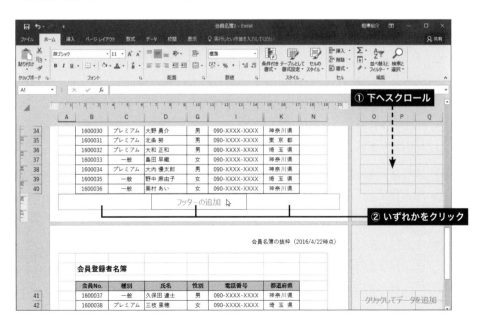

4 ページ番号を指定するときは数値を入力するのではなく、[**デザイン**]タブにある「**ページ番号**」をクリックします。

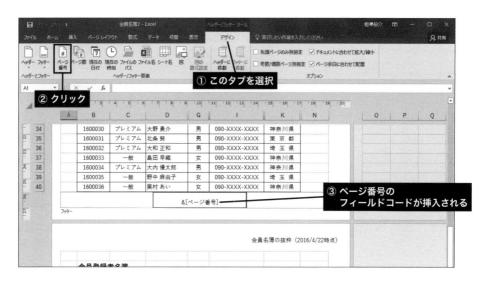

5 ボックスの外をクリックしてフッターの編集を終えると、各ページにページ番号が表示（印刷）されているのを確認できます。

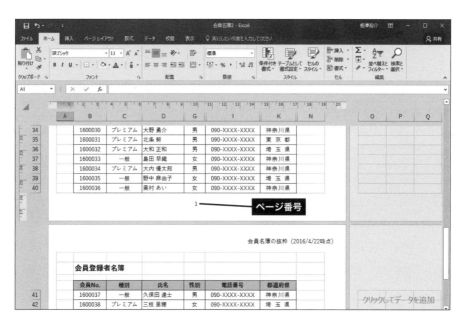

09 「条件付き書式」でセルの書式を自動指定

条件付き書式とは？

　Excelには、**指定した条件**に応じて**セルの書式**を変化させることができる「**条件付き書式**」という機能が用意されています。この機能を上手に活用すると、背景色や文字色などの書式を指定する手間を簡略化できるようになります。

　たとえば、「数値データが100未満」のときは「背景を赤色、文字を白色、太字」に変更するという「条件付き書式」を指定したとします。すると、100未満の数値が入力されているセルの書式が自動的に変更され、セルを強調して表示できるようになります。

図9-1　「条件付き書式」を使った書式指定

　特定のデータを強調して表示したい場合などに活用できるので、ぜひ使い方を覚えておいてください。もちろん、通常の方法で書式を指定し、セルを強調しても構いません。ただし、そのつど書式指定を行う必要があるため、多少の手間がかかります。また、強調すべきデータを見落としてしまう危険性もあります。確実かつ少ない手数で書式を指定できるように、「条件付き書式」の使い方も覚えておくとよいでしょう。

　そのほか、セルに数式や関数を入力している場合にも「条件付き書式」が便利に活用できます。この場合は、**数式や関数の計算結果**に応じて書式が自動指定されます。

あらかじめ用意されている条件付き書式

　それでは「条件付き書式」の使い方を詳しく解説していきましょう。Excelの[**ホーム**]**タブ**には、「○○より大きい」や「○○より小さい」、「○○に等しい」などの条件で手軽に「条件付き書式」を指定できるコマンドが用意されています。まずは、これらのコマンドを使って「条件付き書式」を指定する方法を解説します。

　以下は、数値が「0より小さい」ときだけ、「赤色で強調する書式」を指定する場合の例です。

1　「条件付き書式」を指定するセル範囲を選択します。続いて、「**条件付き書式**」のコマンドをクリックし、「**セルの強調表示ルール**」の中から条件の種類を選択します。

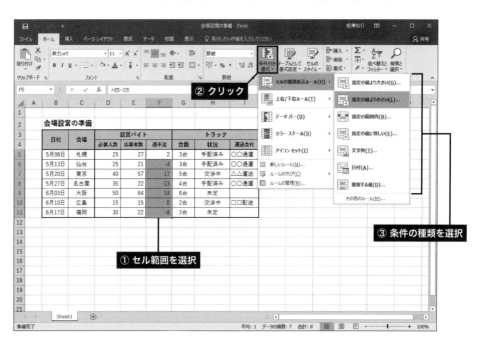

2 以下のような画面が表示されるので、条件とする**数値を入力**し、条件を満たす場合の**書式を選択**します。

3 条件（0より小さい）を満たすセルが強調して表示されます。

「条件付き書式」を指定したF5～F11セルには、（応募者数）－（必要人数）を計算する数式が入力されています[※]。このように、セルに数式や関数が入力されている場合は、その計算結果に応じて条件判定が行われます。

※数式の使い方がよくわからない方は先に本書のP106～112を参照し、数式の基本的な使い方を学習しておいてください。

もちろん、計算結果が変化したときは、その値に応じてセルの書式も自動的に変更されます。たとえば、E6セルの値を「28」に変更すると、その計算結果（F6）は「0より小さい」の条件を満たさなくなるため、「赤色で強調する書式」が自動的に解除されます。

69

図9-2 計算結果に応じて変化する書式

このように、注意すべきセルを強調して表示したい場合は、「条件付き書式」を指定しておくと作業をスムーズに進められます。

文字データを入力するセルに「条件付き書式」を指定することも可能です。この場合は、「○○に等しい」の条件で「条件付き書式」を指定するのが一般的です。

1 「条件付き書式」を指定するセル範囲を選択します。続いて、**「条件付き書式」**のコマンドをクリックし、**「セルの強調表示ルール」**→**「指定の値に等しい」**を選択します。

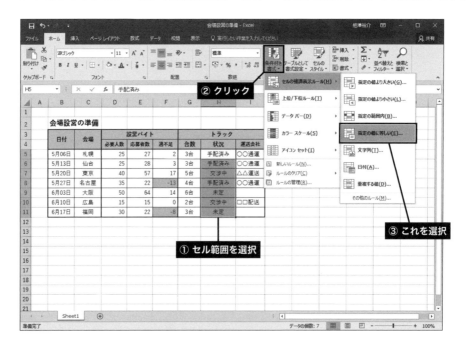

2 以下のような画面が表示されるので、条件となる**文字を入力**し、条件を満たす場合の**書式を選択**します。

3 条件（データが「未定」に等しい）を満たすセルが強調して表示されます。

上位／下位ルール

「上位／下位ルール」に分類されている「条件付き書式」は、数値データが「上位○個」や「上位○％」のセルを強調して表示したい場合に利用します。この一覧には、「上位10項目」や「上位10％」のように条件が記されていますが、「10」以外の数値を条件に指定することも可能です。

たとえば「上位10項目」を選択すると、次ページに示した設定画面が表示され、「上位○個」の条件を自由に指定できるようになります。ここで条件に「3」を指定すると、「上位3項目」すなわち「選択したセル範囲の中で数値データが大きい順に3個のセル」を強調表示できます。トップ3やワースト3のデータを示したい場合などに活用できるので、念のため覚えておくとよいでしょう。

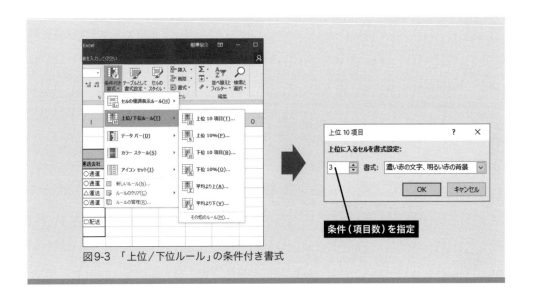

図9-3 「上位/下位ルール」の条件付き書式

条件付き書式の解除

　続いては、指定した「条件付き書式」を解除するときの操作手順を紹介しておきます。ワークシート全体から「条件付き書式」を解除するときは、**「条件付き書式」→「ルールのクリア」→「シート全体からルールをクリア」**を選択します。

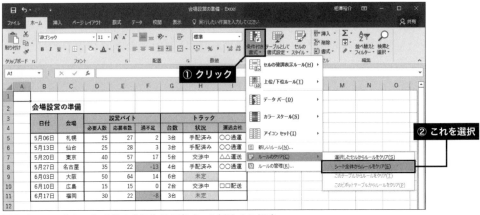

図9-4　ワークシート全体の「条件付き書式」を削除する場合

ワークシート全体ではなく、特定のセル範囲についてのみ「条件付き書式」を解除する場合は、あらかじめセル範囲を選択してから、「**条件付き書式**」→「**ルールのクリア**」→「**選択したセルからルールをクリア**」を選択します。

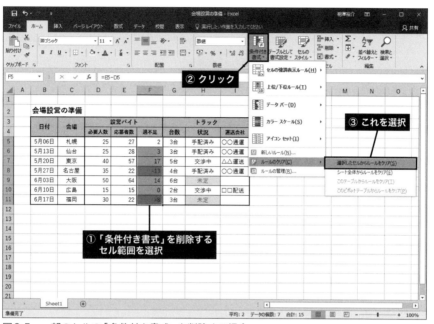

図9-5　一部のセルの「条件付き書式」を削除する場合

「条件付き書式」を指定しなおす場合などに必要となる操作なので、必ず覚えておいてください。

条件と書式を自分で指定するには？

「○○以上」や「○○以下」、または「○○に等しくない」のように、一覧には用意されていない条件を指定したい場合もあると思います。また、条件を満たすときの書式を自由に指定したい場合もあるでしょう。このような場合は、「**新しいルール**」を使って「条件」と「書式」を指定します。次ページに、具体的な操作手順を示しておくので参考にしてください。

1 「条件付き書式」を指定するセル範囲を選択します。続いて、「**条件付き書式**」のコマンドをクリックし、「**新しいルール**」を選択します。

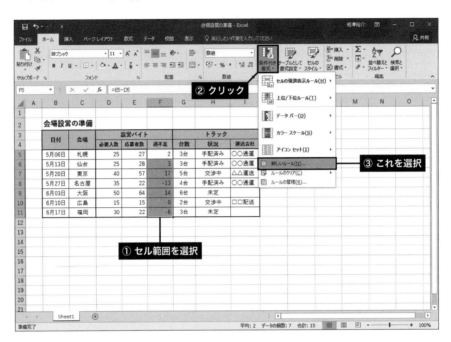

2 条件を指定する画面が表示されるので、「**指定の値を含むセルだけを書式指定**」を選択し、**条件の種類**を指定します。

3 条件とする**数値を入力**します。続いて、条件を満たすときの書式を指定します。[**書式**]**ボタン**をクリックします。

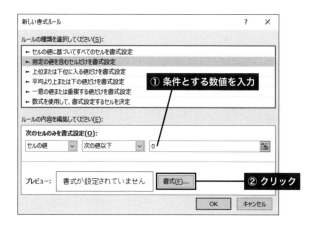

4 「セルの書式設定」が表示されるので、**条件を満たすときの書式**を各タブで指定していきます。その後、[OK]ボタンをクリックします。

5 条件を指定する画面に戻るので、書式が正しく指定されていることを確認してから[OK]ボタンをクリックします。

6 以上で「条件付き書式」の指定は完了です。条件を満たすセルが「指定した書式」で表示されます。

条件を満たすセルが「指定した書式」で表示される

なお、条件に文字を指定する場合は、条件の種類に「**次の値に等しい**」または「**次の値に等しくない**」を指定するのが基本です。続いて、条件とする文字を入力すると、「○○に等しい」または「○○に等しくない」という条件を指定できます。

複数の条件付き書式を指定するには?

すでに「条件付き書式」が指定されているセル範囲に、異なる条件で「**条件付き書式**」を**追加**することも可能です。この場合は、同じセル範囲を選択した状態で「条件付き書式」を指定する操作を繰り返します。

たとえば、H5〜H11のセル範囲に、

- データが「未定」のときは「背景を赤色、文字を白色」に変更
- データが「交渉中」のときは「背景を黄色」に変更

という2つの「条件付き書式」を指定すると、以下の図のように「データ」に応じて背景色が自動的に変化する表を作成できます。

図9-6 複数の条件付き書式を指定

　もちろん、H5〜H11にある各セルの書式は、入力したデータに応じて自動的に変化します。たとえば、H9セルの値を「未定」から「交渉中」に変更すると、背景が黄色に変更され、文字は黒色(自動)に戻ります。同様に、H7セルの値を「交渉中」から「手配済み」に変更すると、背景色が「なし」に戻ります。進行状況を色で分かりやすく示したい場合に活用できるので、いちど動作を確認しておくとよいでしょう。

条件付き書式の管理

それぞれのセル範囲に指定されている「条件付き書式」を確認したり、「条件付き書式」の内容を変更したりするときは、セル範囲を選択した状態で「**条件付き書式**」→「**ルールの管理**」を選択します。

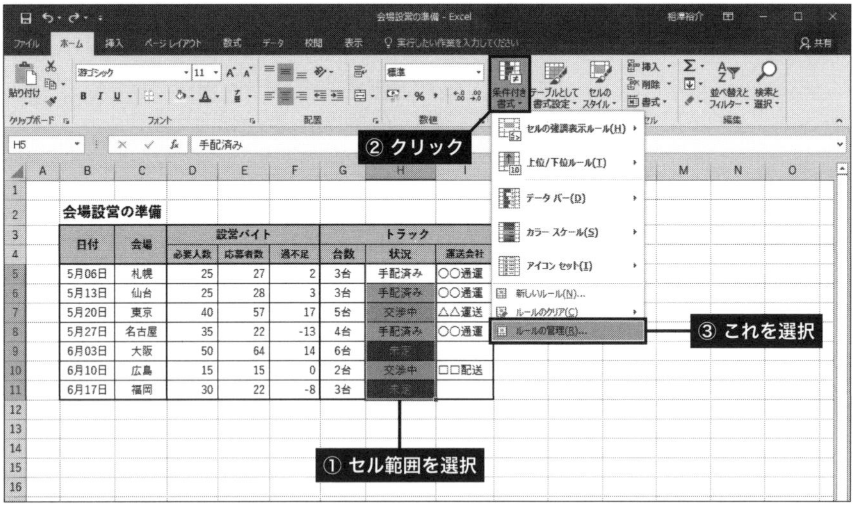

図9-7 指定されている「条件付き書式」の確認

すると、以下のような画面が表示され、選択したセルに指定されている「条件付き書式」が一覧表示されます。この画面で、それぞれの「条件付き書式」を削除したり、新たに「条件付き書式」を追加したりすることも可能です。

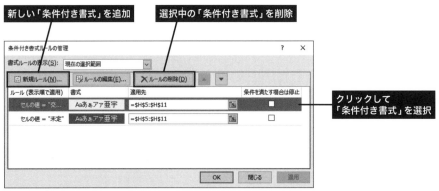

図9-8 「条件付き書式」の管理

また、一覧表示されている「条件付き書式」をダブルクリックし、その「条件付き書式」の設定内容を修正することも可能です。

図9-9 「条件付き書式」の修正

数値を条件に指定している場合で、それぞれの条件に重複する範囲がある場合は、「条件付き書式」の優先順位にも注意しなければいけません。たとえば、

- 数値が「0より小さい」ときは「背景を黄色」に変更
- 数値が「-10以下」のときは「背景を赤色、文字を白色」に変更

という2つの「条件付き書式」を指定した場合を例に考えていきましょう。

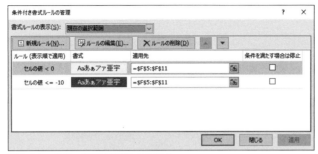

図9-10　条件の範囲が重複する場合

この表示結果は図9-11のようになり、数値が「-10以下」のセル（F8）の書式が正しく変更されていないことを確認できます。

会場設営の準備

日付	会場	設営バイト			トラック		
		必要人数	応募者数	過不足	台数	状況	運送会社
5月06日	札幌	25	27	2	3台	手配済み	○○通運
5月13日	仙台	25	28	3	3台	手配済み	○○通運
5月20日	東京	40	57	17	5台	交渉中	△△運送
5月27日	名古屋	35	22	-13	4台	手配済み	○○通運
6月03日	大阪	50	64	14	6台	未定	
6月10日	広島	15	15	0	2台	交渉中	□□配送
6月17日	福岡	30	22	-8	3台	未定	

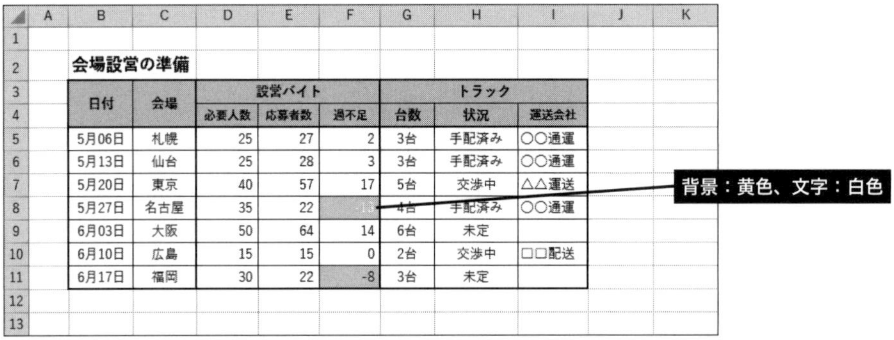

図9-11　「条件付き書式」により指定された書式

このようなトラブルが生じる原因は、「条件付き書式」に**優先順位**が設定されているためです。「条件付き書式」は、上に表示されているものほど優先順位が高くなる仕組みになっています。

図9-10の場合、それぞれの「条件付き書式」は以下のように処理されます。

①「0より小さい」の条件付き書式
　⇒ F8セルは条件を満たすので「背景：黄色」が指定される。
②「-10以下」の条件付き書式
　⇒ F8セルはこの条件も満たすが、すでに「背景:黄色」が指定されているため、「文字：白色」だけが指定される。

結果として、F8セルの書式は「背景：黄色、文字：白色」になり、文字が読み取りづらくなってしまいます。
　こういったトラブルを解決するには、「条件付き書式」の優先順位を入れ替えなければいけません。この操作は、画面右上にある ▼ または ▲ をクリックすると実行できます。

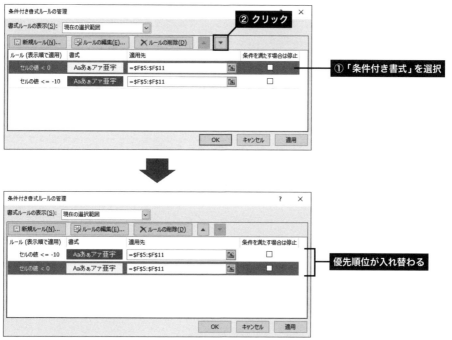

図9-12　優先順位の入れ替え

　このように順番を変更しておくと、以下のような処理手順になり、想定していたとおりの書式を指定することが可能となります。

①「-10以下」の条件付き書式
　　⇒ F8セルは条件を満たすので「背景：赤色、文字：白色」が指定される。
②「0より小さい」の条件付き書式
　　⇒ F8セルはこの条件も満たすが、すでに「背景：赤色」が指定されているため、「背景：黄色」の書式は適用されない。

	A	B	C	D	E	F	G	H	I	J	K
1											
2		会場設営の準備									
3		日付	会場	設営バイト			トラック				
4				必要人数	応募者数	過不足	台数	状況	運送会社		
5		5月06日	札幌	25	27	2	3台	手配済み	○○通運		
6		5月13日	仙台	25	28	3	3台	手配済み	○○通運		
7		5月20日	東京	40	57	17	5台	交渉中	△△運送		
8		5月27日	名古屋	35	22	-13	4台	手配済み	○○通運		
9		6月03日	大阪	50	64	14	6台	未定			
10		6月10日	広島	15	15	0	2台	交渉中	□□配送		
11		6月17日	福岡	30	22	-8	3台	未定			
12											
13											

背景：赤色、文字：白色

図9-13　優先順位を入れ替えた場合

少し複雑ですが、頭を整理しながら考えれば、その仕組みを理解できると思います。よく分からない方は、「0から-9の間」と「-10以下」のように条件が重複しないように「条件付き書式」を指定するのも一つの手法となります。念のため、覚えておいてください。

データバーの活用

「条件付き書式」には、数値データをセル内にグラフ化して表示できる**データバー**という機能も用意されています。数値を視覚的に分かりやすく示したい場合に活用できるので、こちらの使い方も覚えておくとよいでしょう。

データバーを指定するときは、セル範囲を選択し、「**条件付き書式**」→「**データバー**」の中からグラフの色や種類を選択します。

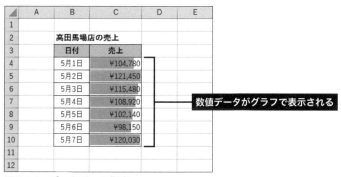

図9-14　データバーの指定

　ただし、この方法でデータバーを指定した場合は、グラフのスケール（最小値と最大値）を細かく指定できないため、必ずしも見やすいグラフになるとは限りません。そこで、「**条件付き書式**」→「**新しいルール**」を選択して、データバーを指定する方法も覚えておくと便利です。

　「新しいルール」を使ってデータバーを指定するときは、「**セルの値に基づいてすべてのセルを書式設定**」を選択します。続いて、書式スタイルに「**データバー**」を選択します。

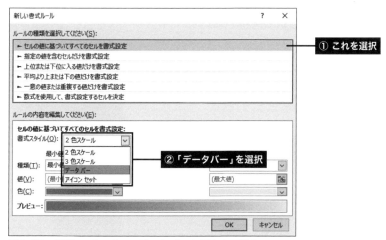

図9-15　「新しいルール」でデータバーを指定する場合

　すると、設定画面が次ページに示した図のように変化し、グラフの最小値と最大値、グラフの外観などを自由に指定できるようになります。

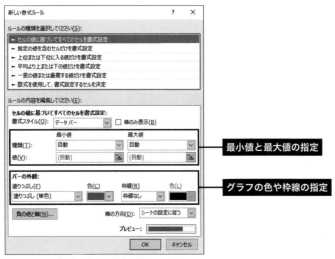

図9-16 データバーの設定画面

　最小値、最大値を自分で指定するときは、種類に「**数値**」を指定し、その下のボックスにそれぞれの数値を入力します。たとえば、80,000～130,000の範囲をグラフ化して表示する場合は、図9-17（左）のように各項目を指定します。さらに、塗りつぶし方法に「グラデーション」を指定すると、図9-17（右）のようにデータバーを表示することが可能となります。

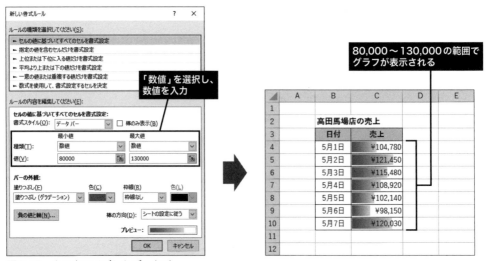

図9-17　カスタマイズしたデータバー

数値データの変化量が小さい場合は、今回の例のように最大値と最小値を自分で指定した方がデータを読み取りやすくなります。データバーの表示をカスタマイズする方法として覚えておいてください。

　もちろん、指定したデータバーの内容を修正することも可能です。この操作手順は、通常の「条件付き書式」を修正する場合と同じです。セル範囲を選択してから**「条件付き書式」→「ルールの管理」**を選択し、データバーの「条件付き書式」をダブルクリックして設定画面を呼び出します。

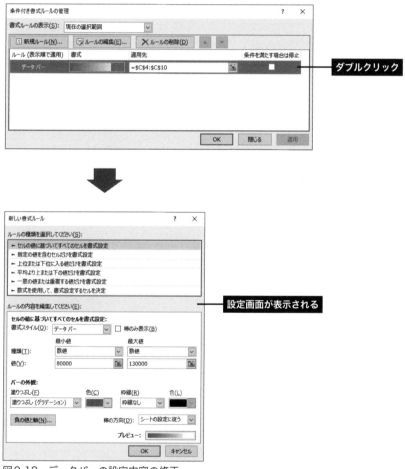

図9-18　データバーの設定内容の修正

10 「データの入力規則」で快適な入力環境を実現

データの入力規則とは？

「データの入力規則」は、セルに入力可能なデータを制限できる機能です。たとえば、「1～10の整数のみ入力可」とか、「10:00～17:00の時刻のみ入力可」といった入力制限を設定できるようになります。入力されたデータが「指定した種類、範囲」に反していた場合は、図10-1のようなエラーメッセージが表示され、その入力内容は破棄されます。

図10-1　エラーメッセージ

また、**あらかじめ登録しておいた選択肢**の中から、項目を選択してデータを入力できる**リスト**という機能も用意されています。この機能は、入力可能なデータを制限する場合だけでなく、素早くデータを入力するための補助機能としても活用できます。

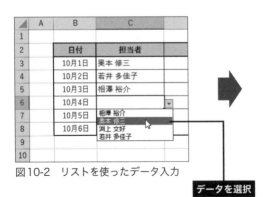

図10-2　リストを使ったデータ入力

データを選択　　選択したデータが入力される

「データの入力規則」を指定しておくと、間違ったデータを入力してしまうミスを未然に防ぐことが可能となります。自分で使用するExcelファイルはもちろん、会社の同僚と共用するExcelファイル、Webで配布するExcelファイルなどに「データの入力規則」を指定しておくとよいでしょう。予想外のトラブルを回避できるようになると思います。

データの入力規則を指定するときの操作手順

それでは、「データの入力規則」を指定するときの操作手順を解説していきましょう。今回は、宿泊施設の予約状況（宿泊予定人数）をまとめる表を例に、操作手順を解説していきます。この宿泊施設にはA～Hの8棟が設置されていますが、A～D棟は定員が4名となるため、宿泊人数に5以上の数値を入力すると、後々トラブルが生じてしまいます。そこで「1～4の整数のみ入力可」という入力規則をセルに指定し、不慮のトラブルを未然に防ぐ対策を施します。

1「データの入力規則」を指定する**セル範囲を選択**し、［**データ**］**タブ**にある （**データの入力規則**）をクリックします。

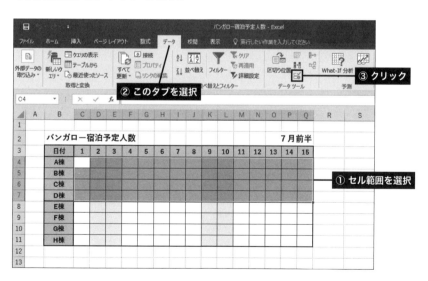

2 このような設定画面が表示されるので、**入力可能なデータの種類**を選択します。今回の例では「整数」を選択します。

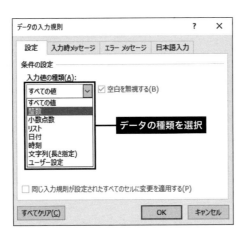

3 続いて、**入力可能なデータの範囲**を指定します。一覧の中から適切な条件を選択します。

4 あとは**入力可能な範囲の数値（下限／上限）を指定するだけです**。全て指定できたら[**OK**]**ボタン**をクリックします。

①　数値を入力
②　クリック

　以上で「データの入力規則」の指定は完了です。ワークシートの見た目は何も変化しませんが、間違ったデータの入力を未然に防げるようになっています。試しに、C4～Q7のいずれかのセルに適当なデータを入力してみてください。1～4の整数を入力した場合は、問題なくデータの入力が完了します。それ以外の数値や文字を入力するとエラーメッセージが表示され、入力が破棄されるのを確認できると思います。

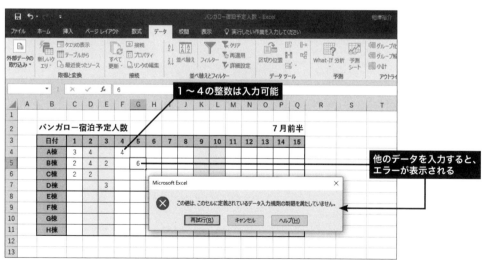

図10-3　「データの入力規則」を指定した表

なお、P88の手順2で指定する「入力可能なデータの種類」は、以下の8種類が用意されています。

- ・すべての値 …………… あらゆるデータの入力を許可します（初期値）。
- ・整数 …………………… 整数の数値データのみ入力を許可します。
- ・小数点数 ……………… 小数点以下を含む数値データの入力も許可します。
- ・リスト ………………… 選択肢を用意してデータ入力を補助します（P95～96）
- ・日付 …………………… 日付データのみ入力を許可します。
- ・時刻 …………………… 時刻データのみ入力を許可します。
- ・文字列（長さ指定）…… 入力可能な文字数を制限できます。
- ・ユーザー設定 ………… 関数などを使って入力可能なデータを制限できます。

　「文字列（長さ指定）」は、入力可能な文字数を制限する機能となります。文字の半角／全角は問いません。たとえば「4文字以下」という制限を指定すると、「book」や「予約受付」は入力可能、「books」や「予約の受付」は入力不可という判定になります。また、4桁以下の数値データも入力可能となります。ただし、小数点やマイナス記号も1文字とカウントされるため、「1.234」や「-1234」といった数値データは入力不可として扱われます。
　「ユーザー設定」は、関数や比較演算子を使って入力可能なデータを制限する場合に使用します。指定方法が少々難しく、使用頻度はあまり高くないので、ここでは詳しい説明を割愛します。気になる方はWebなどで使い方を調べてみてください。

入力時メッセージとエラーメッセージ

　「データの入力規則」を指定する際に、「入力時メッセージ」を表示したり、「エラーメッセージ」をカスタマイズしたりすることも可能です。続いては、これらの指定方法を解説しておきます。
　ExcelファイルをWebで配布したり、会社の同僚と共同で使用したりする場合は、**入力時メッセージ**を使って注意点などを示しておくと、Excelファイルの利用者が戸惑うことなくデータ入力を行えるようになります。

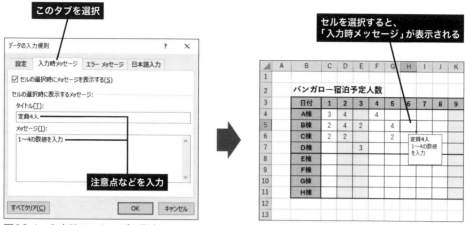

図10-4　入力時メッセージの指定

　また、規則に反するデータが入力されたときに表示される**エラーメッセージ**をカスタマイズすることも可能です。入力不可の理由を明確に示しておくと、不要な混乱を回避できるでしょう。

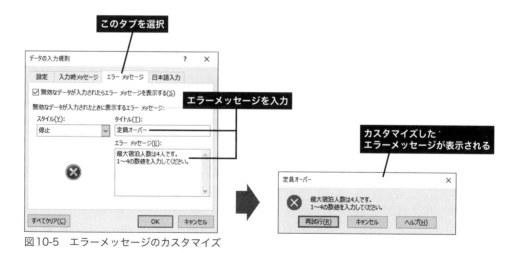

図10-5　エラーメッセージのカスタマイズ

　エラーメッセージの設定画面には、**スタイル**（停止／注意／情報）を指定する項目も用意されています。この項目には「**停止**」（初期値）を指定しておくのが基本です。

図10-6　エラーメッセージのスタイル設定

　スタイルを「注意」や「情報」に変更した場合は、エラーメッセージの表示が以下の図のように変更されます。

図10-7　「注意」と「情報」のエラーメッセージ

　この画面で［はい］または［OK］のボタンをクリックすると、規則に反しているデータであっても入力が許可されるようになります。「例外的に、規則に反するデータの入力も認める」という場合に利用するとよいでしょう。

無効データのマーク

　エラーメッセージのスタイルに「注意」や「情報」を指定すると、規則に反するデータの入力も可能となります。また、「データの入力規則」を指定する前から入力されていたデータが、規則に反している場合もあります。こういったデータを素早く確認したい場合は、■（データの入力規則）の■をクリックして「無効データのマーク」を選択します。すると、規則に反しているデータが赤線で囲んで表示されます。

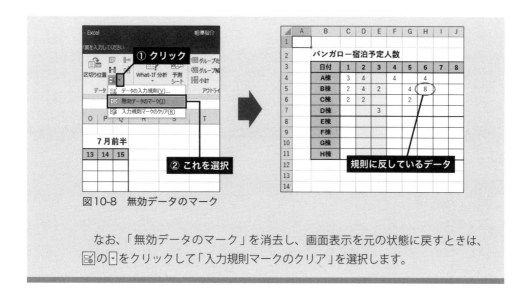

図10-8　無効データのマーク

なお、「無効データのマーク」を消去し、画面表示を元の状態に戻すときは、の をクリックして「入力規則マークのクリア」を選択します。

入力モードの自動設定

「データの入力規則」を指定する際に、**入力モード**を自動指定することも可能です。[半角／全角] キーを押す手間を省略したい場合に活用するとよいでしょう。「データの入力規則」の設定画面で [**日本語入力**] タブを選択すると、以下のような設定画面が表示されます。

図10-9　日本語入力の設定画面

ここで日本語入力を「オン」に指定すると、セルを選択したときに自動的に全角入力モードに切り替わります。「オフ」を指定した場合は、自動的に半角入力モードに切り替わります。「無効」を指定した場合は［半角／全角］キーが無効になり、必ず半角文字でデータを入力させる設定になります。
　そのほか、「ひらがな」、「全角カタカナ」、「半角カタカナ」など、入力内容に応じて入力モードを自動的に切り替えられるため、データ入力を補助する機能としても活用できます。

データの入力規則の解除

　続いては、各セルに設定した「データの入力規則」を解除するときの操作手順を解説します。「データの入力規則」を解除するときは、そのセル範囲を選択し、［データ］タブにある ￼（データの入力規則）をクリックします。続いて、[**すべてクリア**]**ボタン**をクリックすると、入力可能なデータの種類が「**すべての値**」になり、選択していたセルから「データの入力規則」を解除できます。

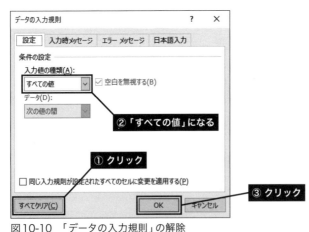

図10-10　「データの入力規則」の解除

　ワークシート全体から「データの入力規則」の解除を解除するときは、シートの左上にある ￼ をクリックし、全てのセルを選択した状態で上記の操作を行います。

リストの活用

「手配済み/交渉中/未定」のように、入力するデータが数パターンしかない場合は、**リスト**を使って選択肢を用意しておくと、データを素早く入力できるようになります。

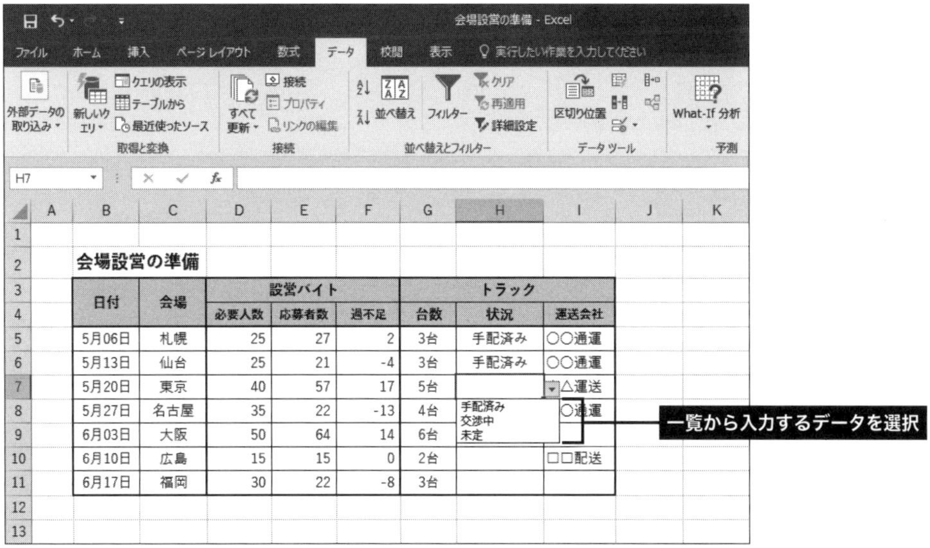

図10-11　リストを使ったデータ入力

また、表記を統一したい場合にもリストが便利に活用できます。たとえば、P77のように「条件付き書式」を指定した場合、正しく背景色を変化させるには「交渉中」または「未定」とデータを入力しなければいけません。これを「候補未定」や「相談中」のように入力してしまうと、書式が自動変更されなくなり、状況を背景色で見分けられなくなってしまいます。このような場合にリストを登録しておくと、データの表記が統一され、「条件付き書式」を確実に機能させることが可能となります。

リスト（選択肢）を登録するときは、「データの入力規則」の設定画面で「リスト」を指定し、選択肢を**半角カンマ**で区切って指定します。

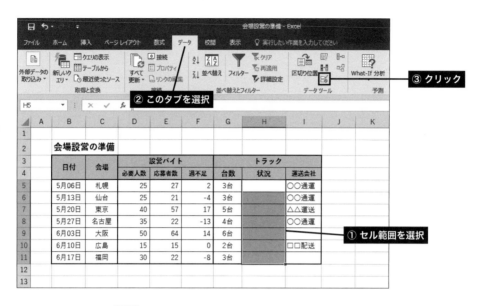

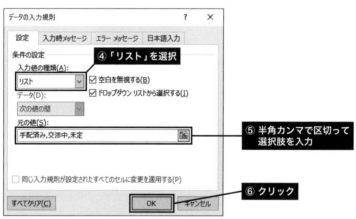

図10-12　リストの登録

　すると、図10-11のように、リストから項目を選択してデータ入力を行えるようになります。もちろん、「条件付き書式」を指定しない場合であっても、リストを便利に活用できます。分類を入力するセル、担当者の名前を入力するセルなど、入力するデータが数パターンしかないセルにリストを登録しておくと、データ入力の手間を簡略化できます。さらに、表記を統一できるという利点もあります。便利な機能なので、実際に試しながら使い方を確認しておくとよいでしょう。

11 「シートの保護」で操作可能なセルを限定

シートの保護とは？

Excelを操作しているときに、間違って重要なデータを消去してしまう場合もあります。このようなイージーミスは、Excelに慣れている方であっても稀に犯してしまうトラブルといえます。

たとえば、以下に示した表を操作しているときに、間違って何らかのキーを押してしまったとしましょう。この場合、選択されていたセルのデータが“他の文字”に置き換わってしまいます。仮にG7セルが選択されている状態で[S]キーを押してしまったとすると、G7セルのデータが「s」に変更されてしまうため、何台のトラックが必要だったのか分からなくなってしまいます。

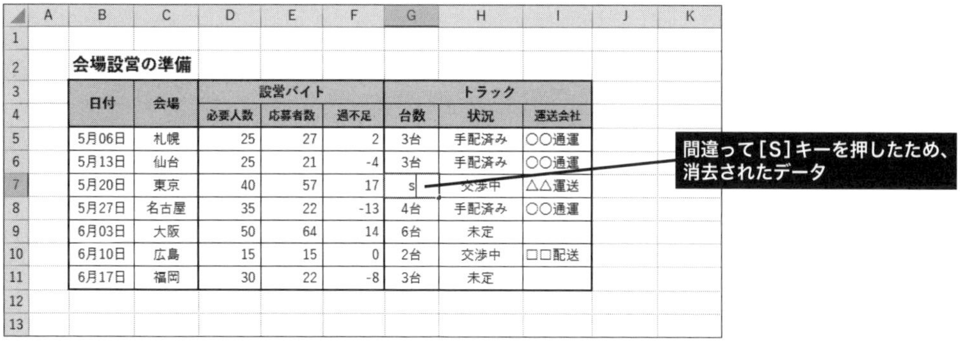
会場設営の準備

日付	会場	設営バイト			トラック		
		必要人数	応募者数	過不足	台数	状況	運送会社
5月06日	札幌	25	27	2	3台	手配済み	○○通運
5月13日	仙台	25	21	-4	3台	手配済み	○○通運
5月20日	東京	40	57	17	s	交渉中	△△運送
5月27日	名古屋	35	22	-13	4台	手配済み	○○通運
6月03日	大阪	50	64	14	6台	未定	
6月10日	広島	15	15	0	2台	交渉中	□□配送
6月17日	福岡	30	22	-8	3台	未定	

図11-1　誤操作によるデータの消去

このようなトラブルを未然に防ぐには、**「シートの保護」**という機能を有効にしておくのが効果的です。「シートの保護」は、“データ変更を許可するセル”を限定できる機能となります。

前節で紹介した「データの入力規則」は、“入力可能なデータの種類や範囲”を限定する機能となります。一方、「シートの保護」は、“データ変更が可能なセル”を限定する機能となります。この機能を上手に活用し、“データ変更の必要がないセル”を操作不可にしておくと、間違ってデータを消去してしまうトラブルを回避できます。

もちろん、自分でExcelファイルを使用する場合だけでなく、ExcelファイルをWebで配布したり、会社の同僚や取引先と共用するExcelファイルを作成したりする場合にも「シートの保護」が活用できます。"データ変更が可能なセル"を限定できるということは、"データを変更してはいけないセル"を保護することと同じ意味になります。重要なデータが入力されているセル、数式や関数が入力されているセル、などを保護しておけば、誤操作によりデータ（または数式、関数）が消去されてしまうトラブルを未然に防ぐことが可能となります。

［Ctrl］＋［Z］キーを使ったデータの復活

　間違ってデータを変更（消去）してしまったときに、［Ctrl］＋［Z］キーを押して直前の操作を取り消し、データを復活させることも可能です。この場合は"データを変更した操作"そのものが取り消されるため、結果として、元のデータが復活されることになります。

　ただし、データを変更したことに気付かないで別の操作を行ってしまうと、データを復活できなくなる場合があります。この手法が使えるのは「データを変更した直後」に限られることに注意してください。［Ctrl］＋［Z］キーを何回も押して、これまでに行ってきた操作を逆行しながら取り消していく方法もありますが、それにも限界があります。万全を期すためにも、「シートの保護」の使い方を覚えておくとよいでしょう。

ロックの解除とシートの保護

　それでは、「シートの保護」の具体的な使い方を解説していきましょう。まずは、"データ変更が可能なセル"と"データ変更が不可のセル"を区別する設定を行います。この設定は「**セルの書式設定**」にある**ロック**の項目で指定します。

第1章　Excelを仕事で使うために覚えておくべき機能

図11-2　「セルの書式設定」の[保護]タブ

　最初は、**全てのセルがロックON**の状態に設定されています。このまま「シートの保護」を有効にすると、全てのセルが"データ変更不可"になり、何も操作ができないワークシートになってしまいます。そこで、"データ変更が可能なセル"のロックをOFFにしてから「シートの保護」を有効にする必要があります。これで、"データ変更が可能なセル"を限定したワークシートを作成できます。

　以下に具体的な手順を紹介しておくので、これを参考にしながら「シートの保護」の仕組みを把握してください。

1　まずは、"データ変更が可能なセル"のロックをOFFにします。マウスをドラッグして**セル範囲を選択**し、「**セルの書式設定**」を呼び出します。このとき、複数のセル範囲をまとめて選択しておくと、ロックをOFFにする作業を一度の操作で完了できます。今回の例では、D4～D5、C8～C9、I4～I7のセル範囲を同時に選択しました。

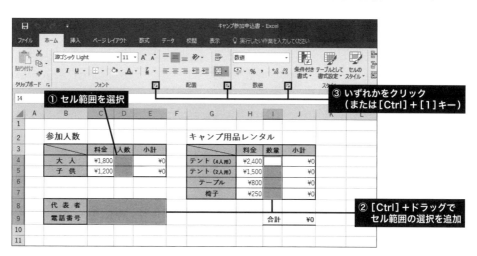

2 「セルの書式設定」の[保護]タブを選択し、ロックをOFFに変更します。続いて、[OK]ボタンをクリックします。

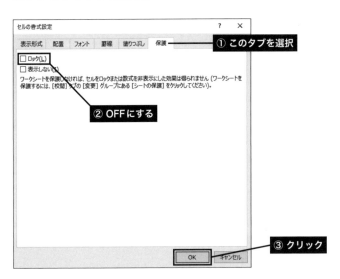

3 これで選択していたセル範囲を"データ変更が可能なセル"に設定できました。次は「シートの保護」を有効にします。[校閲]タブにある「シートの保護」をクリックします。

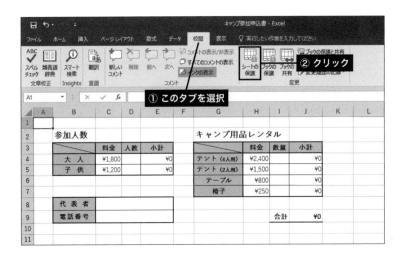

4 以下のような設定画面が表示されます。通常は、そのまま［**OK**］**ボタン**をクリックします。

 以上で「シートの保護」を有効にする作業は完了です。正しく設定できているか実際に試してみましょう。ロックをOFFにしたD4～D5、C8～C9、I4～I7のセル範囲は、従来どおりデータを変更することが可能です。一方、他のセルでデータの変更を試みようとすると、以下のような警告画面が表示され、キー入力が拒否されるのを確認できます。

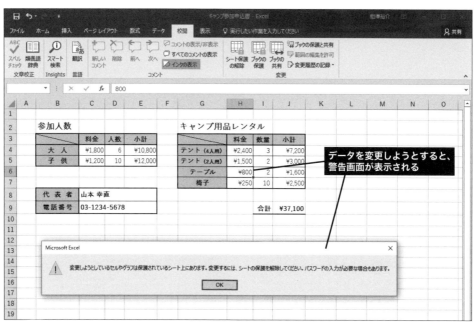

図11-3 「シートの保護」を有効にしたワークシート

また、「シートの保護」を有効にすると、**書式の変更が行えなくなる**ことも覚えておかなければいけません。［ホーム］タブのリボンを見ると、書式を指定するコマンドがグレーアウトされ、操作不可になっているのを確認できると思います。

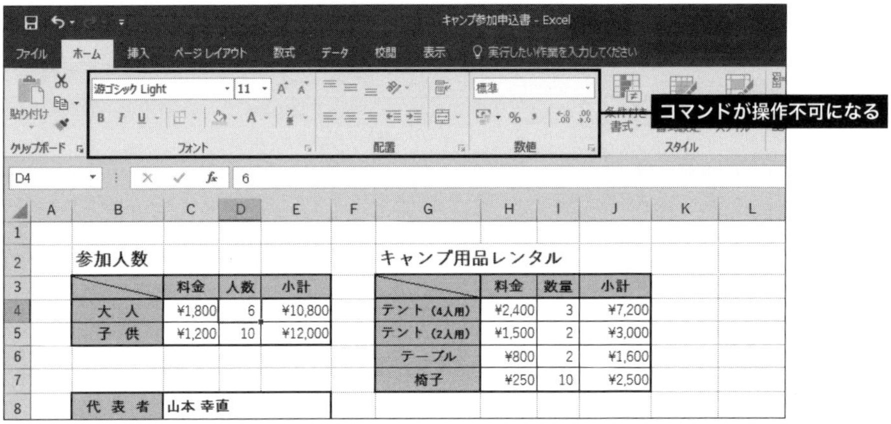

図11-4　「シートの保護」を有効にしたときの［ホーム］タブの表示

　「シートの保護」は、**各セルに指定されている書式**も保護する機能となります。こちらはロックのON/OFFに関わらず、全てのセルの書式が変更不可になります。よって、「シートの保護」を使用するときは、あらかじめ各セルに適切な書式を指定しておく必要があります。

シートの保護の解除

　続いては、「シートの保護」を解除し、全てのセルをデータ変更可能にするときの操作手順を解説しておきます。この操作は、［**校閲**］**タブ**にある「**シート保護の解除**」をクリックすると実行できます。

図11-5　「シートの保護」の解除

各セルの書式を指定しなおしたり、保護されているセルのデータを修正したりするときは、「シートの保護」を解除してから作業を行うようにしてください。その後、再び「シートの保護」を有効にすると、"データ変更が可能なセル"を限定したワークシートに戻すことができます。

パスワードと許可する操作の設定

　「シートの保護」を有効にする際に、パスワードを設定したり、許可する操作を追加したりすることも可能です。最後に、「シートの保護」の設定について解説しておきましょう。[校閲]タブにある「シートの保護」をクリックすると、以下のような設定画面が表示されます。

図11-6　「シートの保護」の設定画面

　パスワードを設定する場合は、画面の上部にあるテキストボックスに各自の好きなパスワードを入力し、[OK]ボタンをクリックします。すると、パスワードを再確認する画面が表示されるので、先ほどと同じパスワードを入力して[OK]ボタンをクリックします。

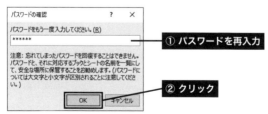

図11-7　パスワードを再確認する画面

パスワードを設定して「シートの保護」を有効にした場合は、「**シート保護の解除**」をクリックしたときにパスワードの入力を求める画面が表示されます。

図11-8　「シート保護の解除」をクリックしたときに表示される画面

　ここに正しいパスワードを入力しない限り、「シートの保護」を解除することはできません。つまり、パスワードを知っている人だけが「シートの保護」を解除できることになります。ExcelファイルをWebで配布したり、取引先にExcelファイルを渡したりするときに活用するとよいでしょう。一方、自分の操作ミスを防ぐ目的で「シートの保護」を使用する場合は、パスワードを設定しなくても構いません。むしろ、パスワードを忘れてしまい、「シートの保護」を解除できなくなることの方が大きな問題になると思います。パスワードを設定する際は十分注意するようにしてください。

　許可する操作の項目では、「シートの保護」を有効にした後も"実行を許可する操作"を指定します。初期設定では、「**ロックされたセル範囲の選択**」と「**ロックされていないセル範囲の選択**」の2項目がONに設定されています。つまり、全てのセルが選択可能な状態になります。これらの項目をOFFにすると、セルの選択すらできない状態になります。
　以降は、セル／行／列の書式設定、行／列の挿入・削除、並べ替え、などの操作を許可するかを指定する項目が並んでいます。「シートの保護」を有効にした後に書式変更を行いたい場合は、「**セルの書式設定**」をONにしておくとよいでしょう。同様に、並べ替え機能を利用したい場合は、「**並べ替え**」をONにしておく必要があります。これらの項目は、状況に合わせて設定を変更するようにしてください。

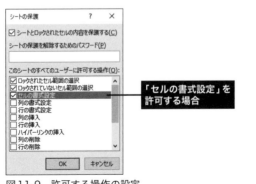

図11-9　許可する操作の設定

第 2 章

数式と関数の活用

- 12 数式を入力して数値データを計算
- 13 オートフィルを使って数式をコピー
- 14 相対参照と絶対参照を使い分ける
- 15 小数点以下の扱いと表示形式
- 16 関数を使って様々な計算を行う
- 17 検索機能を使って目的の関数を探し出す
- 18 条件に応じて処理を変更する関数
- 19 Webから表を取り込み、加工して利用する

12 数式を入力して数値データを計算

数式の入力と演算記号

　セルに入力されている数値データをもとに、さまざまな計算を行えることもExcelの魅力の一つです。続いては、**数式**の使い方について解説していきます。
　セルに数式を入力するときは、最初に「=」（イコール）の記号を入力します。「=」の入力は半角文字でも全角文字でも構いません（自動的に半角の「=」に変換されます）。続いて、**演算記号**を使って数式を入力していきますが、このとき「×」や「÷」の記号は使えないことに注意してください。パソコンでは、掛け算を「＊」、割り算を「／」の演算記号で表記します。
　また、通常の数学と同様に「掛け算、割り算」が「足し算、引き算」より先に計算されます。「足し算、引き算」を先に計算する場合は**かっこ**を記述するのを忘れないようにしてください。

■演算記号と数式の記述例

計算方法	演算記号	記述例	意味
足し算（加算）	＋	=C3+C4	C3セルとC4セルの値を足し算します
引き算（減算）	－	=B2－500	B2セルの値から500を引き算します
掛け算（乗算）	＊	=B4＊C4	B4セルとC4セルの値を掛け算します
割り算（除算）	／	=A1／12	A1セルの値を12で割り算します
べき乗	＾	=E5＾3	E5セルの値を3乗します
かっこ	（）	=(C2+C3)＊1.08	C2+C3を先に計算します
パーセント	％	=C3＊20％	C3セルの20％を計算します

　上の記述例を見てもわかるように、Excelでは他のセルに入力されている数値データを**参照**して計算を行うことが可能です。この場合、参照するセルを**列番号（アルファベット）→行番号（数字）**の順に記述します。たとえば、C列の5行にあるセルの値は「C5」と記述して参照します。

数式の使用例（1）

　それでは、具体的な例で数式の使用方法を解説していきましょう。ここでは、（単価）×（数量）を計算して小計を求め、さらに合計を求める場合を例に数式の記述方法を解説します。

1 数式を入力するセル（E4）を選択し、「＝」の記号を入力します。

	A	B	C	D	E	F	G
1							
2		発注書					
3		商品No.	単価	数量	小計		
4		A-0045	300	10	=		
5		A-1031	280	5			
6		B-0027	1200	2			
7		C-0002	2980	1			
8				合計			
9							
10							

「＝」を入力

2 続けて、（単価）×（数量）を計算する数式を入力します。（単価）はC4セル、（数量）はD4セルに入力されているので、この計算を数式で記述すると「C4*D4」となります。数式を入力できたら[Enter]キーを押します。

	A	B	C	D	E	F	G
1							
2		発注書					
3		商品No.	単価	数量	小計		
4		A-0045	300	10	=C4*D4		
5		A-1031	280	5			
6		B-0027	1200	2			
7		C-0002	2980	1			
8				合計			
9							
10							

続けて「C4*D4」と入力し、[Enter]キーを押す

3 自動的に計算が行われ、数式を入力したセル（E4）に**計算結果**が表示されます。

4 他の商品についても、同様の手順で数式を入力していくと小計を求められます。最後に、数式を使って合計を求めます。合計の計算は、E4～E7セルを"足し算"すればよいので、数式で記述すると「=E4+E5+E6+E7」となります。

5 数式を入力したセル（E8）に計算結果が表示されます。以上で、数式を使って「小計」と「合計」を求める計算は完了です。

合計を求める関数

今回の例では"足し算"を使って合計を求めましたが、項目の数が多くなると数式を記述するのが面倒になります。このような場合は、関数を使用すると簡単な記述で合計を求めることができます。むしろ、合計を求めるときは「関数を使用する」と考えるのが基本です。なお、関数の使い方については、本書のP125～144で詳しく解説します。

数式の使用例（2）

数式の使用例をもう一つ紹介しておきましょう。今度は、アンケート結果をまとめた表で、各選択肢の割合を数式で計算してみます。

1 まずは、（回答数）の合計を求めます。合計を求めるときは関数を使用するのが一般的ですが、まだ使い方を説明していないので、ここでは例外的に数式を使って合計を求めます。

	A	B	C	D
1				
2		アンケート結果		
3		選択肢	回答数	割合
4		とても良い	47	
5		良い	123	
6		普通	81	
7		悪い	27	
8		かなり悪い	15	
9		合計	=C4+C5+C6+C7+C8	
10				
11				

合計を求める数式を入力し、[Enter]キーを押す

2 続いて、各選択肢の割合を数式で計算していきます。D4セルに「=」の記号を入力します。

	A	B	C	D	E	F
1						
2		アンケート結果				
3		選択肢	回答数	割合		
4		とても良い	47	=		
5		良い	123			
6		普通	81			
7		悪い	27			
8		かなり悪い	15			
9		合計	293			

「=」を入力

3 各選択肢の割合は（回答数）÷（合計）で計算できます。この数式を入力するときに、**セル参照**をマウスを指定することも可能です。たとえば、「とても良い」の（回答数）が入力されているC4セルをクリックすると、「C4」というセル参照が自動入力されます。

① このセルをクリック

	A	B	C	D	E	F
1						
2		アンケート結果				
3		選択肢	回答数	割合		
4		とても良い	47	=C4		
5		良い	123			
6		普通	81			
7		悪い	27			
8		かなり悪い	15			
9		合計	293			

②「C4」と自動入力される

4 "割り算"を示す演算記号「/」はキーボードから入力します。続けて、C9セルをクリックすると「/C9」の部分を入力できます。これで数式の入力は完了です。[Enter]キーを押します。

①「/」の記号はキーボードから入力
③[Enter]キーを押す
②このセルをクリックし、「C9」を自動入力する

5 D4セルに計算結果が表示されます。他の選択肢についても、同様の手順で割合を求めていきます。

計算結果が表示される

　このように、数式を入力する際にマウスを利用することも可能です。数式を入力する方法の一つとして覚えておくとよいでしょう。
　また、「数式を入力したセル」に**表示形式**を指定し、計算結果の表示方法を変更することも可能です。たとえば、D4～D8のセル範囲に「パーセンテージ」（小数点以下1桁）の表示形式を指定すると、計算結果を百分率で表示できるようになります。

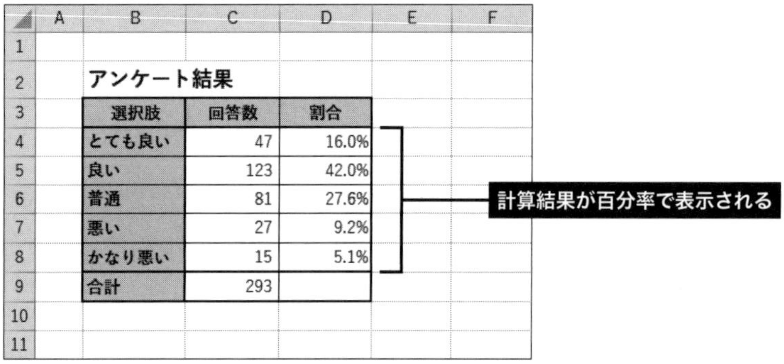

図12-1 「パーセンテージ」の表示形式を指定した場合

文字が入力されているセルを参照した場合

　数式を記述する際に「文字データが入力されているセル」を参照してしまうと、その計算結果には「#VLAUE!」という文字が表示されます。この表示は、計算を実行できないことを示すエラー表示となります。

　Excelは「数値以外の文字が含まれるデータ」を文字データとみなします。よって、「10個」や「7本」のように単位付きで数値を入力してしまうと、数式を使った計算が行えなくなります。注意するようにしてください。

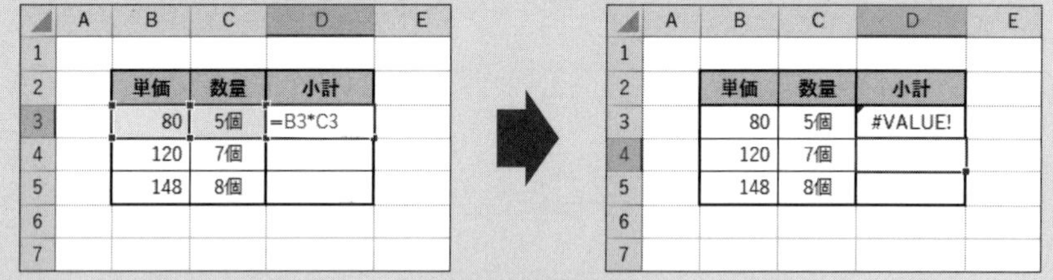

図12-2　文字データを参照したときのエラー表示

　なお、データが何も入力されていない「空白セル」は、数式内で参照することが可能です。この場合は「空白セル」を0とみなして計算が実行されます。ただし、"割り算"の分母に「空白セル」を指定すると、"0での割り算"になってしまうため、「#DIV/0!」のエラーが表示されてしまいます。

13 オートフィルを使って数式をコピー

オートフィルの基本

　P107～108で紹介した例のように同じパターンの数式を何回も入力するときは、**オートフィルを使って数式をコピー**すると、数式を何回も入力する手間を省くことができます。まずは、オートフィルの基本から解説していきましょう。

　オートフィルは、データや書式をコピーするときに活用できる機能です。オートフィルを使ってセルをコピーするときは、選択しているセルの右下にある■を上下左右にドラッグします。すると、ドラッグした範囲にセルがコピーされます。

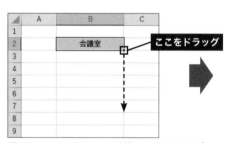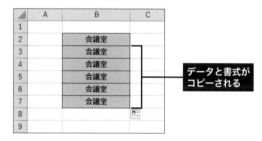

図13-1　オートフィルを使ったセルのコピー

　オートフィルでコピーを行った直後は、画面に■（**オートフィル オプション**）が表示されます。このアイコンは、「データ」または「書式」のどちらか一方だけをコピーする場合に利用します。

　たとえば、■をクリックして「**書式のみコピー**」を選択すると、セルの書式だけがコピーされ、コピー先に入力されていたデータ（または空白セル）はそのまま維持されます。一方、「**書式なしコピー**」を選択した場合は、元のセルに入力されていたデータだけがコピーされ、セルの書式は以前の状態が維持されます。

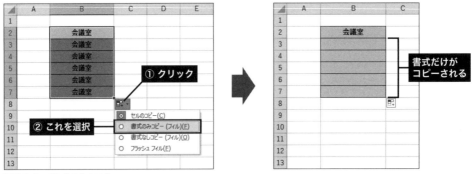

図13-2 書式のみコピー

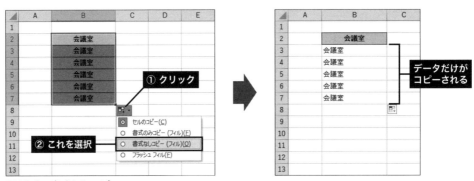

図13-3 書式なしコピー

また、オートフィルには、数値データを連番にしてコピーする機能も用意されています。この場合は、数値データをコピーした後、 から「**連続データ**」を選択します。

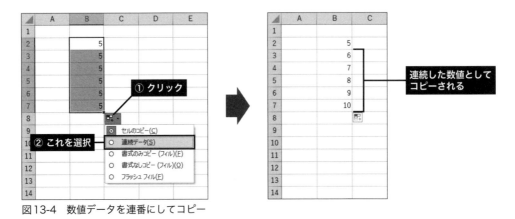

図13-4 数値データを連番にしてコピー

「2、4、6、8、…」や「5、10、15、20、…」のように一定間隔で数値データをコピーしたい場合は、2つ以上のセル範囲を選択した状態で■をドラッグします。

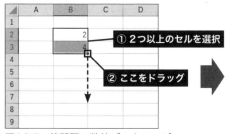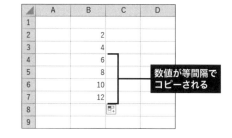

図13-5　等間隔の数値データのコピー

そのほか、「月、火、水、…」や「1月、2月、3月、…」のように規則性のあるデータをオートフィルでコピーすることも可能です。このようなデータのコピーは、■をドラッグするだけで実行できます。

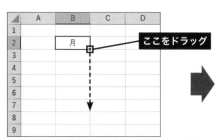

図13-6　規則性のある文字データのコピー

数式をオートフィルでコピー

セルに入力した**数式**をオートフィルでコピーすることも可能です。この場合は、数式内の**セル参照**が自動調整されながら数式がコピーされます。たとえば、■を下方向へドラッグすると、行番号が1つずつ増加しながら数式がコピーされていきます。

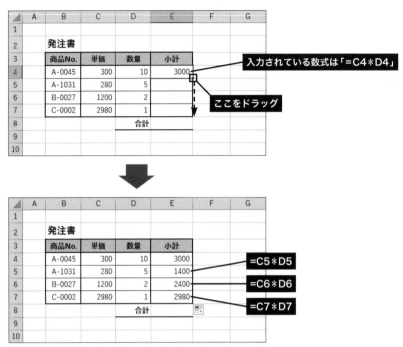

図13-7　オートフィルを使った数式のコピー

　もちろん、数式を横方向へコピーすることも可能です。この場合は、列番号が1つずつ増加しながら数式がコピーされていきます。

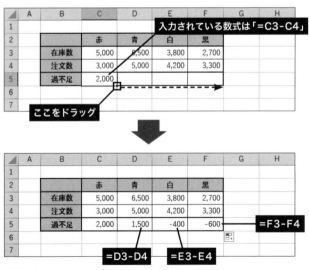

図13-8　オートフィルを使った数式のコピー

念のため、オートフィルで数式をコピーした際に「セル参照がどのように変化するか？」をまとめておきます。オートフィルの仕組みを理解する際の参考としてください。

- を下方向へドラッグ ………… **行番号が1つずつ増加されていく**
  （上方向へドラッグした場合は行番号が1つずつ減少されていきます）

- を右方向へドラッグ ………… **列番号が1つずつ増加されていく**
  （左方向へドラッグした場合は列番号が1つずつ減少されていきます）

セルに入力されている数式の確認

　セルに数式を入力すると、その計算結果がセルに表示されます。このとき、計算結果ではなく「入力されている数式」を確認したい場合もあると思います。このような場合は、セルを選択して数式バーを見ると、「入力されている数式」を確認できます。

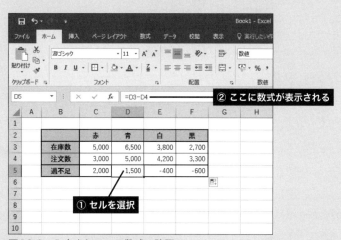

図13-9　入力されている数式の確認

　また、セルをダブルクリックして「入力されている数式」を確認することも可能です。こちらは数式の記述を修正する場合などに活用できます。

オートフィルを使って数式をコピーするときは、「数式が意図したとおりにコピーされているか？」をよく確認しておく必要があります。たとえば、P109〜112で紹介した例の場合、オートフィルを使って数式をコピーすると、意図しない形で数式がコピーされてしまいます。

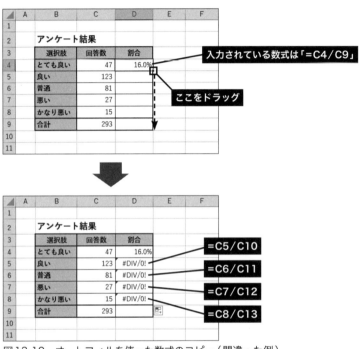

図13-10　オートフィルを使った数式のコピー（間違った例）

　この場合、"割り算"の分母となるセル参照も自動調整されてしまうため、正しい計算結果を得られません。コピーされた数式内にあるC10やC11などの記述は「空白セル」を参照することになり、"0での割り算"が行われてしまいます。その結果、「#DIV/0!」のエラーが表示されます。
　オートフィルを使って数式をコピーしたときに、「どのようにセル参照が自動調整されるのか？」を理解していれば、このようなミスを犯す危険性は少なくなります。実際に様々なパターンを試しながら、オートフィルの仕組みをよく理解しておいてください。

14 相対参照と絶対参照を使い分ける

■ 相対参照と絶対参照

　これまでに解説してきた**セル参照**は、厳密には**相対参照**と呼ばれる記述方法になります。このほかにも、Excelには**絶対参照**というセル参照の記述方法が用意されています。
　セル参照を絶対参照で指定するときは、列番号や行番号の前に「$」（ドル）の記号を付けて記述します。たとえば、C4セルを絶対参照で参照する場合は、数式内に「$C$4」とセル参照を記述します。

　　　相対参照 ………… C4　　　　　※列番号 → 行番号の順に記述
　　　絶対参照 ………… $C$4　　　※列番号と行番号の前に「$」を記述

　両者の違いは、オートフィルなどを使って数式をコピーした際に現れます。相対参照で記述した場合は、数式内のセル参照が自動調整されて数式がコピーされます。一方、絶対参照で記述した場合は、セル参照の自動調整が行われず、元のセル参照がそのままコピーされる仕組みになっています。以降に具体的な例を示しておくので、相対参照と絶対参照を使い分けるときの参考にしてください。

■ 絶対参照の使用例

　P118で紹介した数式を、オートフィルを使って正しくコピーするには、"割り算"の分母となる部分を**絶対参照**で記述しておく必要があります。この数式を**オートフィル**でコピーすると、"割り算"の分子となる「C4」だけが自動調整され、"割り算"の分母になる「$C$9」はセル参照がそのままコピーされます。よって、各選択肢の割合を正しく計算することが可能となります。

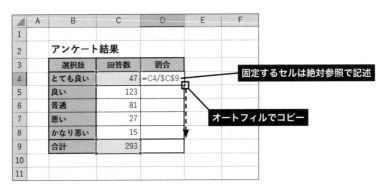

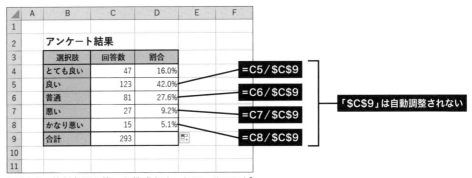

図14-1　絶対参照を使った数式をオートフィルでコピー

※D4～D8のセル範囲には、「パーセンテージ」（少数点以下1桁）の表示形式を指定してあります。

 相対参照を絶対参照に変換

　数式内のセル参照を「C9」のように相対参照で入力し、[F4]キーを押して絶対参照に変換することも可能です。たとえば「=C4/C9」と入力した状態で[F4]キーを押すと、数式の記述を「=C4/$C$9」に変換することができます。絶対参照に変換されるセル参照は、カーソルがある位置が基準となります。「=C4/C9」と入力して[F4]キーを押した場合は、カーソルの直前にある「C9」が変換対象になります。「$」の入力を簡略化できる操作方法として覚えておくと重宝するでしょう。

具体的な例をもう一つ紹介しておきましょう。以下は、各商品の消費税額を計算する表です。消費税率はD2セルに入力されています。この場合、消費税率を示すD2セルを絶対参照で記述しておくと、数式をオートフィルで正しくコピーできます。

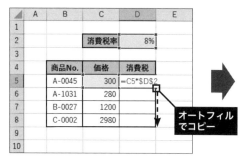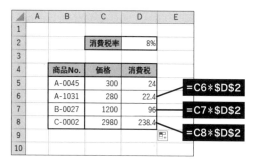

図14-2　絶対参照を使った数式のコピー

※D2セルには、「パーセンテージ」（少数点以下0桁）の表示形式を指定してあります。

　消費税率が10％に変更された場合は、D2セルの値を「10％」（0.10）に変更すると、新しい消費税額を算出できます。

図14-3　参照するセルの値を変更

　このように、相対参照と絶対参照を使い分けて数式を記述すると、オートフィルで数式をコピーした際に、正しく数式をコピーできるようになります。通常は「$」を付けない相対参照で数式を記述するのが一般的ですが、状況に合わせて絶対参照も活用すると、数式をオートフィルで正しくコピーできるようになります。上手に使い分けるようにしてください。

行/列を挿入、削除したときの動作

相対参照と絶対参照について解説したついでに、行/列の挿入、削除を行ったときの動作も紹介しておきましょう。

数式を入力した後に行/列の挿入を行うと、それに合わせて数式内のセル参照が自動調整される仕組みになっています。これは、相対参照、絶対参照に関わらず、両者に共通する仕組みとなります。

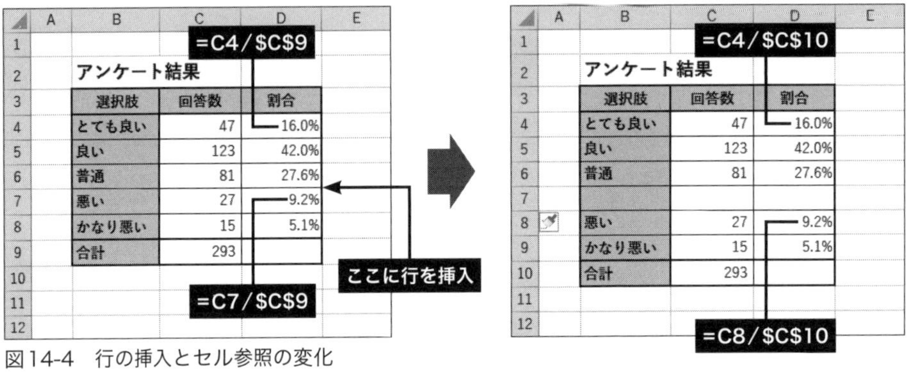

図14-4　行の挿入とセル参照の変化

同様に、行や列を削除した場合も数式内のセル参照は自動調整されます。このため、数式を入力した後に行/列の挿入、削除を行っても、数式を修正する必要はありません。

ただし、数式が参照しているセルそのものを削除してしまった場合は、参照するセルがなくなってしまうため、「#REF!」のエラーが表示されます。頻繁に起こる現象ではありませんが、念のため注意するようにしてください。

図14-5　参照しているセルを削除した場合

15 小数点以下の扱いと表示形式

数式の計算結果と表示形式

これまでの解説からも分かるように、数式の計算結果は「数式が入力されているセル」の**表示形式**に従って表示される仕組みになっています。たとえば、数式を入力したセルに「通貨」の表示形式を指定すると、先頭に「¥」の通貨記号を付けて計算結果を表示できるようになります。

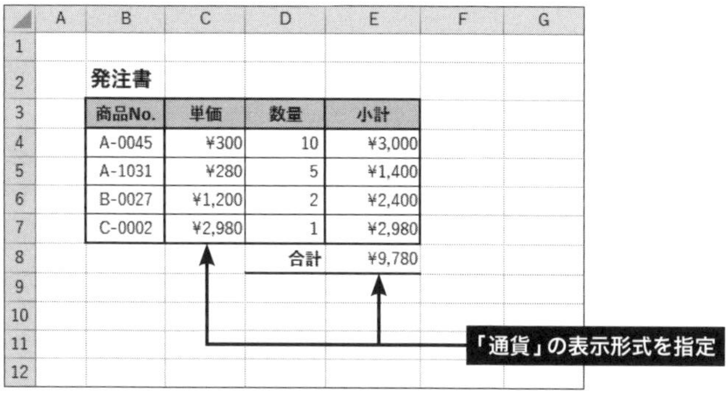

	A	B	C	D	E	F	G
1							
2		発注書					
3		商品No.	単価	数量	小計		
4		A-0045	¥300	10	¥3,000		
5		A-1031	¥280	5	¥1,400		
6		B-0027	¥1,200	2	¥2,400		
7		C-0002	¥2,980	1	¥2,980		
8				合計	¥9,780		
9							
10							
11							
12							

図15-1 「通貨」の表示形式を指定した計算結果

同様に、P109〜112で示した例のように、セルに「パーセント」の表示形式を指定して計算結果を百分率で表示することも可能です。

四捨五入された数値の扱い

表示形式を使って**小数点以下の表示桁数**を指定する場合もあると思います。この場合は、指定した桁数の「次の位」を四捨五入した結果がセルに表示されます。たとえば、表示形式を「通貨」に変更し、小数点以下の表示桁数を0桁に指定すると、小数点以下第1位を四捨五入した計算結果が表示されます。

図15-2 小数点以下の表示を0桁に指定した計算結果

　この例の場合、「フォト用紙」の「税込価格」は1,120×1.08＝1209.6となるため、小数点以下が四捨五入されて「¥1,210」と表示されます。では、この「小計」はどうなるでしょう？　1,210×3＝3,630になると思うかもしれませんが、実際には「¥3,629」と表示されています。このような結果になるのは、表示が四捨五入されているだけで、**実際の計算結果は四捨五入されない**ことが原因です。つまり、「税込価格」（D5セル）の本当の計算結果は1209.6であり、これを3倍した3628.8がF5セルの計算結果になります。そして、この小数点以下を四捨五入して「¥3,629」と表示されている訳です。

　このように小数点以下を含む計算では、「セルに表示されている数値」と「実際に保持されている計算結果」が異なる場合があることに注意しなければいけません。
　今回の例の場合、「1円未満の消費税をどのように扱うか？」に関する問題となるため、その対策法は状況に応じて異なります。金額などの計算を行う際に小数点以下の値を引き継ぎたくない場合は、関数を使って計算結果そのものを整数にしておく必要があります。これについては本書のP133～135で詳しく解説します。

消費税における端数の処理方法について

　税込価格に1円未満の端数が含まれる場合の処理方法は特に規定されておらず、切り上げ、切り下げ、四捨五入のどれを選択しても構わないことになっています。一般的には「切り下げ」を選択する会社が多いようですが、税込単価の時点で切り下げる、税抜金額の合計に消費税分を加算してから切り下げる、などの処理方法に応じて最終的な税込合計金額は変化します。
　Excelの表示形式は単に表示方法を変化させるだけの機能であり、数値（計算結果）そのものを四捨五入する機能はありません。Excelで会計処理を行う際は、このことを十分に理解し、適切な処理を行わなければいけません。

16 関数を使って様々な計算を行う

オートSUMを使って合計を求める関数を入力

　Excelには、様々な計算や処理を行える**関数**が用意されています。続いては、関数の使い方を解説していきます。

　数値データの**合計**を関数で求めるときは、「**オートSUM**」を使うと手軽に関数を入力できます。まずは、合計を求める関数SUMを入力するときの操作手順から解説していきます。

1 関数を入力するセルを選択します。続いて、[**数式**]タブにある「**オートSUM**」の をクリックし、「**合計**」を選択します。

2 「合計するセル範囲」が自動的に指定され、青色の点線で囲んで表示されます。これを確認してから[Enter]キーを押します。

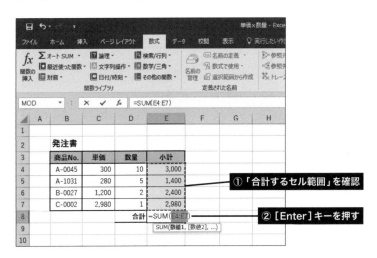

3 セルに関数SUMが入力され、合計の計算結果が表示されます。

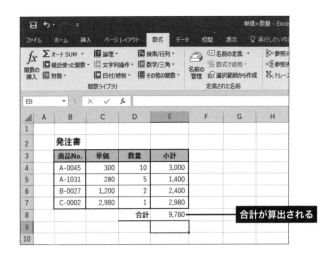

以上で、合計を求める関数SUMの入力は完了です。長々と"足し算"の数式を記述する場合と比べて、手軽に合計を算出できるのを実感できると思います。

ただし、先ほどの手順2で自動指定された「合計するセル範囲」に間違いがあった場合は、「合計するセル範囲」を自分で修正しなければいけません。たとえば以下のように表を作成すると、E4～E8のセル範囲が「合計するセル範囲」として自動指定されます。このような場合は、マウスをドラッグして「合計するセル範囲」を指定しなおさなければいけません。

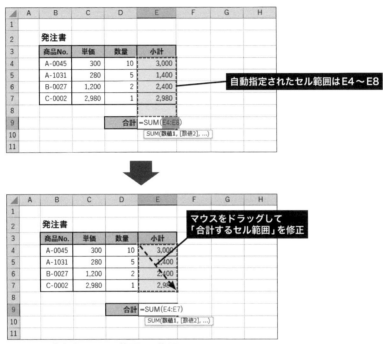

図16-1 「合計するセル範囲」の修正

その後[Enter]キーを押すと、指定したセル範囲（E4～E7）の合計を算出できます。

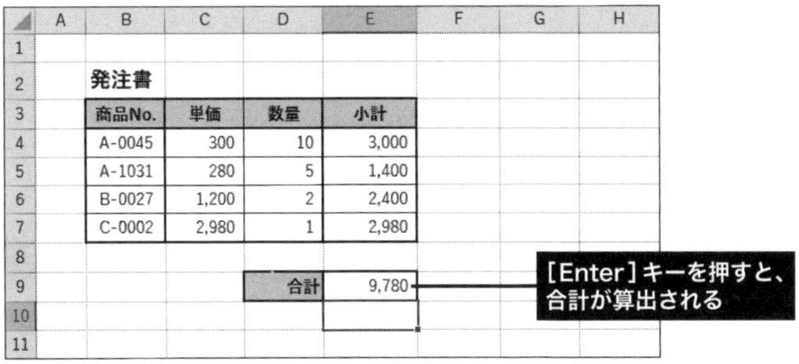

図16-2 指定したセル範囲の合計

[ホーム]タブにある「オートSUM」

「オートSUM」のコマンドは[ホーム]タブにも用意されています。こちらを使って合計などの関数を入力しても構いません。

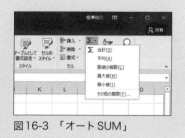

図16-3 「オートSUM」

オートSUMを使って平均、最大値、最小値を求める

「オートSUM」には、**平均**を算出する関数**AVERAGE**を入力したり、**最大値**や**最小値**を求める関数**MAX**、**MIN**を入力したりする機能も用意されています。これらの関数も、基本的に「合計を求める場合」と同じ操作手順で利用できます。

たとえば、指定したセル範囲の平均値を求める場合は、以下の図のように操作します。

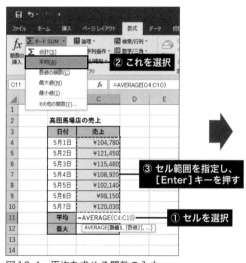
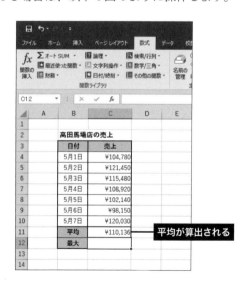

図16-4 平均を求める関数の入力

同様に、指定したセル範囲の中から最大値を求める場合は、以下のように操作します。

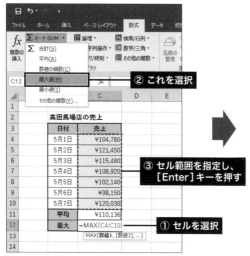

図16-5　最大値を求める関数の入力

「オートSUM」に用意されている「**数値の個数**」は、指定したセル範囲内に「数値データが入力されているセルが何個あるか？」を調べるときに使用します。空白セルや文字データが入力されているセルはカウントされません。ただし、日付や時刻は数値データの一種となるため、カウントの対象になります。こちらも基本的な使い方は「合計」や「平均」などの関数を入力する場合と同じです。

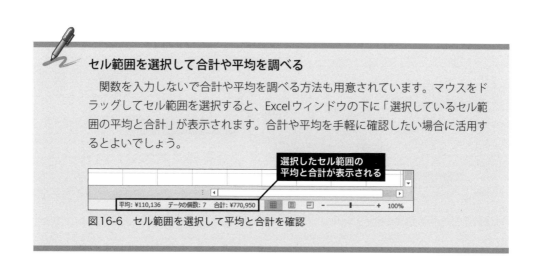

セル範囲を選択して合計や平均を調べる

関数を入力しないで合計や平均を調べる方法も用意されています。マウスをドラッグしてセル範囲を選択すると、Excelウィンドウの下に「選択しているセル範囲の平均と合計」が表示されます。合計や平均を手軽に確認したい場合に活用するとよいでしょう。

図16-6　セル範囲を選択して平均と合計を確認

関数を自分の手で入力する場合

　Excelに用意されている関数を自分の手で入力して様々な計算を行うことも可能です。続いては、関数の手入力について解説します。

　関数を自分の手で入力するときも、最初に「＝」（イコール）の記号を入力します。続いて、**関数名**を記述し、カッコ内に**引数**を指定します。

■関数の書式

　　＝関数名（引数）

　関数名は計算方法や処理方法を示すもので、合計を算出する**SUM**、平均を算出する**AVERAGE**のように、あらかじめ定められている名前をアルファベットで記述しなければいけません。

　引数には、関数が処理を行うときに必要となる値を指定します。たとえば、合計を算出する関数SUMの場合、引数に「セル範囲」を指定します。平均を求める関数AVERAGEも同様です。なお、関数によっては2つ以上の引数を必要とする場合もあります。この場合は、それぞれの値を「,」（**カンマ**）で区切って記述します。

　セル範囲を文字で記述するときは、「左上のセル」と「右下のセル」を「：」（**コロン**）で区切って記述します。すると、2つのセルを対角線とする四角い範囲をセル範囲として指定できます。

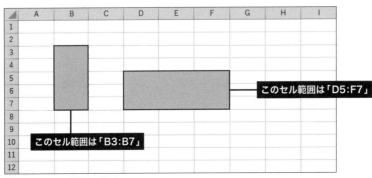

図16-7　セル範囲の記述

たとえば、P125〜126で紹介した合計を算出する関数を自分の手で入力する場合は、セルに「=SUM(E4:E7)」と記述して［Enter］キーを押します。

	A	B	C	D	E	F	G
1							
2		発注書					
3		商品No.	単価	数量	小計		
4		A-0045	300	10	3,000		
5		A-1031	280	5	1,400		
6		B-0027	1,200	2	2,400		
7		C-0002	2,980	1	2,980		
8				合計	=SUM(E4:E7)		
9							
10							

書式に従って関数を入力

↓

	A	B	C	D	E	F	G
1							
2		発注書					
3		商品No.	単価	数量	小計		
4		A-0045	300	10	3,000		
5		A-1031	280	5	1,400		
6		B-0027	1,200	2	2,400		
7		C-0002	2,980	1	2,980		
8				合計	9,780		
9							
10							

計算結果が表示される

図16-8　関数を自分の手で入力

同様に、P128で紹介した平均を求める関数は、「=AVERAGE(C4:C10)」と記述して［Enter］キーを押すと入力できます。

もちろん、関数を手入力するには、「関数名」と「引数に指定する値」を覚えておく必要があります。とはいえ、Excelには何百種類もの関数が用意されいるため、全ての関数について記述方法を暗記するのは不可能です。よって、よく使用する関数についてのみ記述方法を覚えておく程度で十分です。使い方を知らない関数を利用するときは、P136〜144で解説する関数の検索機能を使って関数を入力します。

関数をオートフィルでコピー

数式の場合と同様に、**オートフィル**を使って関数をコピーすることも可能です。この場合は、引数に記述した**セル参照**や**セル範囲**がをドラッグした方向に自動調整されます。同じパターンの関数を並べて入力する場合などに活用するとよいでしょう。

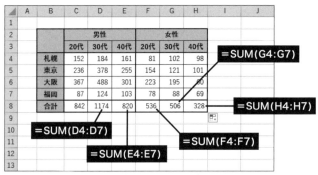

図16-9 オートフィルを使った関数のコピー

絶対参照も使用可能

引数に「セル参照」や「セル範囲」を指定するときに、絶対参照を使用しても構いません。絶対参照で指定した場合、関数をコピーしても「セル参照」や「セル範囲」の自動調整は行われません。セル範囲を絶対参照で指定するときは、「$C$4:$D$8」のように、それぞれの列番号、行番号の前に「$」の記号を付けて記述します。

小数点以下を切り下げる関数

続いては、小数点以下の**切り下げ**を行う関数**INT**について紹介しておきます。消費税の端数を切り下げる場合などに活用できるので使い方を覚えておいてください。

関数INTは、その引数に「数値」を指定して使用します。たとえば「=INT(5.7)」と関数を記述すると、5.7の小数点以下が切り下げられて「5」という数値に変換されます。

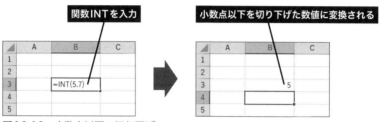

図16-10　小数点以下の切り下げ

ただし、このような使い方はあまり関数の恩恵を受けられませんし、実際に使用する機会もほとんどありません。関数INTを使用するときは、引数に数式を記述するのが一般的です。

以下は、P124で紹介した例に関数INTを追加し、消費税の端数を切り下げるように処理した場合の例です。この場合は、先にC5*1.08の計算が行われ、その計算結果である1209.6の小数点以下を切り下げる、という処理が行われます。その結果、D5セルの計算結果は1209に変換されます。

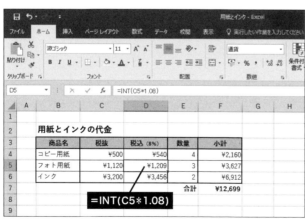

図16-11　計算結果の小数点以下の切り下げ

もちろん、関数INTにより小数点以下が切り下げられているため、以降も小数点以下を切り下げた数値で計算が行われます。F5セルには、前回と同様に「=D5*E5」という数式が入力されています。この計算結果は1,209×3＝3,627となるため、F5セルには「¥3,627」という数値が表示されます。

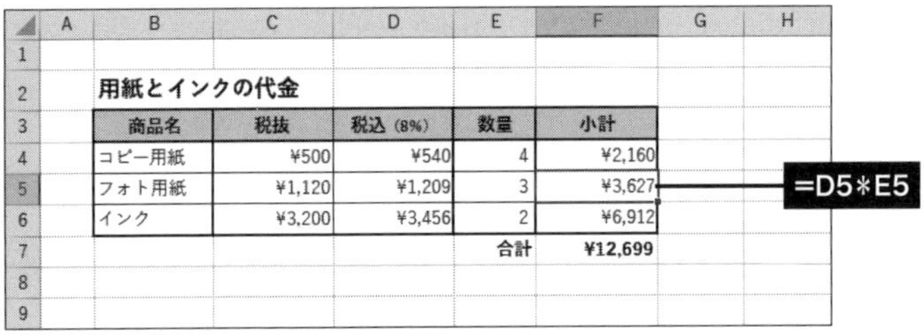

図16-12　切り下げられた計算結果を参照した数式

　このように小数点以下を引き継がないで計算を行いたい場合は、関数INTを使って数式を記述する必要があります。このとき、D4セルやD6セルも「=INT(C4*1.08)」や「=INT(C6*1.08)」のように数式を記述しておくのが基本です。これらのセルでは小数点以下の端数は生じませんが、「税抜」の単価を変更した場合にも柔軟に対応できるように、関数INTを追加しておくと間違いが少なくなります。

　「税込」の単価や「小計」の時点では端数をそのまま残しておき、「合計」の時点で端数を切り下げる場合は、合計を計算する関数SUMをINTの引数に指定します。

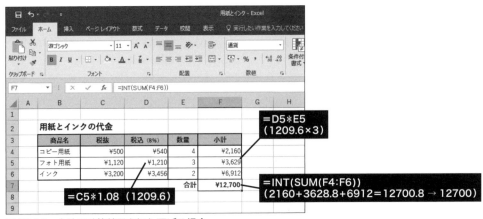

図16-13　合計の計算結果を切り下げる場合

この場合は、表示されている数値の整合性が保たれなくなるため、小数点以下1桁まで表示するように**表示形式**を指定した方がよいかもしれません。Excelで会計処理を行うときの参考としてください。

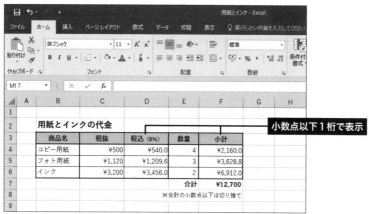

図16-14　小数点以下1桁まで表示した場合

　切り上げ、切り捨て、四捨五入の関数
　　Excelには、小数点以下を切り上げ／切り捨て／四捨五入する関数も用意されています。小数点以下を四捨五入するときは関数「ROUND」を使用します。ただし、この関数を使用するときは、2番目の引数に四捨五入した後の桁数を指定しなければいけません。小数点以下0桁（整数）に四捨五入する場合は「＝ROUND（数値,0）」と関数を記述します。「数値」の部分にはセル参照や数式を指定します。
　　同様に、「＝ROUNDUP（数値,0）」で小数点以下の切り上げ、「＝ROUNDDOWN（数値,0）」で小数点以下の切り捨てを行うことも可能です。

・四捨五入
　　＝ROUND（数値,桁数）

・切り上げ　　　　　　　　　　・切り捨て
　　＝ROUNDUP（数値,桁数）　　　＝ROUNDDOWN（数値,桁数）

17 検索機能を使って目的の関数を探し出す

関数を検索して入力

　Excelには何百種類もの関数が用意されています。これらの中から目的の関数を探し出し、その書式（引数の指定方法）を調べるときに役立つのが**関数の検索機能**です。続いては、関数を検索して使用する方法を解説します。

　以下に示した例は、「注文数」に応じて「金額」を計算する表です。この商品は、「24本セット」が2,500円、「1本」ずつの単価が120円という具合に価格設定されているため、単純に（単価）×（注文数）で「金額」を計算することはできません。「24本セット」と「1本」がそれぞれ何個ずつ必要になるかを求め、そこから「金額」を計算しなければいけません。

　「24本セット」の数は、（注文数）÷24を計算し、その計算結果の小数点以下を関数**INT**で切り下げると算出できます。

	A	B	C	D	E	F	G	H
1								
2		価格表						
3		24本セット	¥2,500					
4		1本（単価）	¥120					
5								
6		注文数と金額						
7		注文者	注文数	セット	1本	金額		
8		○○商店	530	=INT(C8/24)				
9		△△フーズ	345					
10		□□ストア	620					
11		◇◇マート	180					
12		☆☆スーパー	1,200					
13								
14								

（注文数）/24を関数INTで切り下げる

図17-1　「24本セット」の個数を求める計算

　「24本セット」にできない"残りの注文数"は、（注文数）÷24の"余り"を算出すると求められます。これを関数で求めます。検索機能を使って関数を入力するときは、次ページのように操作します。

1 関数を入力するセルを選択し、[**数式**]タブにある「**関数の挿入**」をクリックします。

2 関数の検索画面が表示されるので、適当な**キーワードを入力**し、[**検索開始**]ボタンをクリックします。

3 キーワードに関連する関数がいくつか表示されます。関数の説明を参考にしながら最適な**関数を選択**し、[OK]**ボタン**をクリックします。

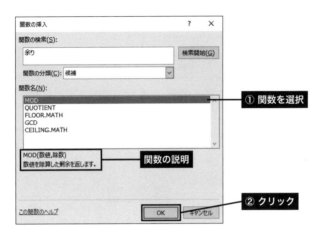

4 関数の**引数**を指定する画面が表示されます。余りを求める関数MODは、1つ目の引数に"数値"（割られる数値）、2つ目の引数に"除数"（割る数値）を指定します。これらの引数を数値やセル参照で指定し、[OK]**ボタン**をクリックします。

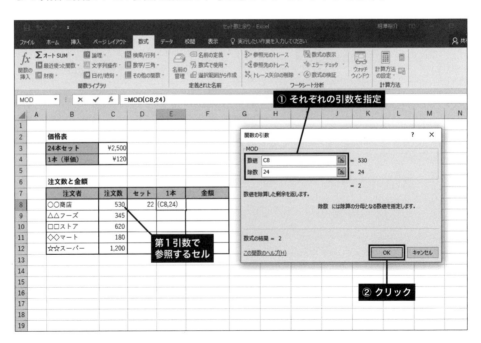

5 以上で、関数を検索して入力する操作は完了です。セルに計算結果が表示されます。また、関数を入力したセルを選択して**数式バー**を見ると、実際に入力されている関数を確認することができます。

今回の例で紹介した「割り算の余り」を求める関数の場合、関数名は**MOD**で、第1引数に"数値"、第2引数に"除数"を指定することになります。これを覚えておけば、次回からは検索機能を使わなくても関数を直接入力できるようになります。

念のため、今回紹介した例の「金額」を求める方法も示しておきましょう。「注文数」が530の場合は「24本セット」を22個、「1本」ずつの単品を2個という形で納品すればよいことになります。それぞれの価格に従って「金額」を計算する数式は、以下のようになります。このとき、価格のセル参照を**絶対参照**で指定しておくと、**オートフィル**を使って数式をコピーできるようになります。

	A	B	C	D	E	F	G	H
1								
2		価格表						
3		24本セット	¥2,500					
4		1本（単価）	¥120					
5								
6		注文数と金額						
7		注文者	注文数	セット	1本	金額		
8		○○商店	530	22	2	¥55,240	← 計算結果が表示される	
9		△△フーズ	345					
10		□□ストア	620					
11		◇◇マート	180					
12		☆☆スーパー	1,200					
13								
14								

図17-2　「金額」を計算する数式

　D8〜F8セルに入力した数式、関数をオートフィルで下方向へコピーすると表全体が完成します。自信がない方は電卓を片手に、数式や関数で正しく計算が行われていることを確認してみるとよいでしょう。

	A	B	C	D	E	F	G	H
1								
2		価格表						
3		24本セット	¥2,500					
4		1本（単価）	¥120					
5								
6		注文数と金額						
7		注文者	注文数	セット	1本	金額		
8		○○商店	530	22	2	¥55,240		
9		△△フーズ	345	14	9	¥36,080		
10		□□ストア	620	25	20	¥64,900	← オートフィルで数式、関数をコピー	
11		◇◇マート	180	7	12	¥18,940		
12		☆☆スーパー	1,200	50	0	¥125,000		
13								
14								

図17-3　数式、関数をコピーして完成させた表

　もちろん、「注文数」の数値を変更すると「セット」と「1本」の数が再計算され、それに合わせて「金額」も変化します。
　このように関数を使うと、複雑な計算をExcelに自動処理させることが可能となります。少しでも効率よく仕事を進められるように、関数の使い方に慣れておくとよいでしょう。そのほか、Excel関数についてまとめた参考書を一読してみるのも効果的です。「Excelにはどんな関数が用意されているのか？」を把握し、それぞれの関数の使い方を学習しておけば、いざというときに役に立つと思います。

割り算の商を求める関数

Excelには、"割り算の商"（整数）を求める関数QUOTIENTも用意されています。関数QUOTIENTは、第1引数に"分子"、第2引数に"分母"を指定して使用します。今回の例では、関数INTを使って"割り算の商"を求めましたが、関数QUOTIENTを使っても同様の結果を得られます。気になる方は試してみてください。

利息計算を行う関数

関数を使った例をもう一つ紹介しておきましょう。今度は、利息計算を行う場合の例です。このように電卓では処理できない計算を行うときにも関数が役に立ちます。

ここでは、「200万円を年利3.5%で借りて5年で返済する場合」の毎月の返済額を関数で求めてみます。まずは検索機能を使って目的の関数を探します。「**関数の挿入**」をクリックし、「利息」をキーワードにして関数を検索します。

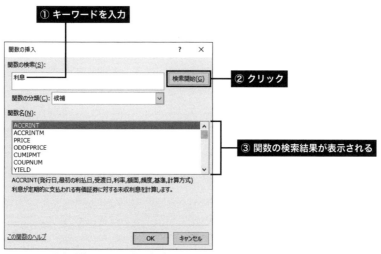

図17-4　利息計算を行う関数の検索

すると、図17-4のような検索結果が表示されます。似たような機能を持つ関数が並んでおり、「どれが目的の関数なのか？」が分かりづらい場合は、関数を選択して**「この関数のヘルプ」**をクリックすると、詳しい説明を参照できます。

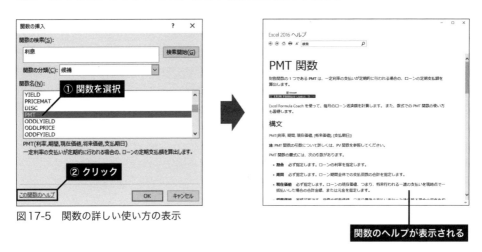

図17-5　関数の詳しい使い方の表示

ヘルプには関数の機能や書式、使用例などが掲載されています。今回の例では、関数PMTが最適な関数となり、その引数には、利率、期間、現在価値、[将来価値]、[支払期日]の5つの値が必要になることが分かります。これらのうち、[ ]で表示されている引数は指定を省略することも可能です。

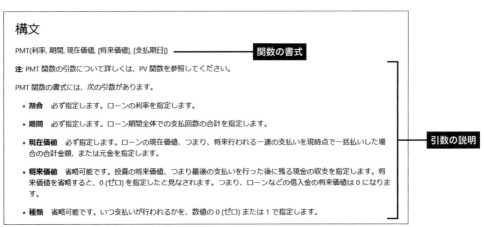

図17-6　関数PMTを使用する際に必要となる引数

　また、使用例を見ることで関数の具体的な記述方法を参照できます。利息計算では、利率を年単位、返済額を月単位で示すのが一般的です。この場合、年月の単位が統一されていないため、第1引数の「利率」を12で割り、単位を“月”に統一しておく必要があることが分かります。

使用例

次の表のサンプル データをコピーし、新しい Excel ワークシートのセル A1 に貼り付けます。数式を選択して、F2 キーを押し、さらに Enter キーを押すと、結果が表示されます。必要に応じて、列幅を調整してすべてのデータを表示してください。

データ	説明
8%	年利
10	支払月数
¥1,000,000	借入額

数式	説明	結果
=PMT(A2/12,A3,A4)	A2:A4 で引数として指定された期間における、毎月のローン返済額を求めます。	(¥103,703)

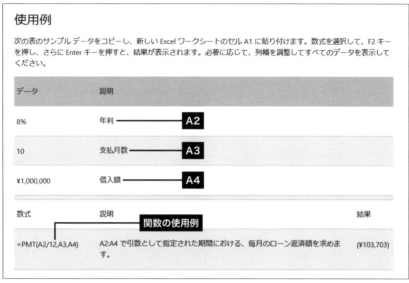

図17-7　関数PMTの使用例

　これらの情報をもとに実際に計算を行ってみましょう。まずは、関数の引数に必要となる表を用意します。なお、C2セルには「パーセンテージ」（小数点以下2桁）の表示形式を指定してあるため、その実際の数値は0.035となります。

	A	B	C	D	E
1					
2		利率（年）	3.50%		
3		返済期間（年）	5		
4		借入額（元金）	¥2,000,000		
5					
6		毎月の返済額			
7					
8					

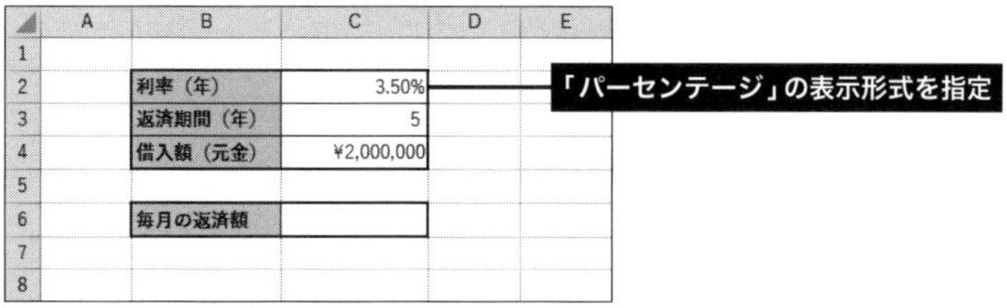

図17-8　利息計算用に用意した表

　これらのセルを参照しながら関数PMTを入力していきます。第1引数となる“利率”は年単位で記されているため、12で割って月単位に換算しておきます。これはヘルプに掲

載されている使用例と同じです。同様に、第2引数となる"期間"も年単位で記されているため、12を掛けて返済回数を月単位に換算しておく必要があります。第3引数となる"現在価値"には元金を指定すればよいので、C4セルをそのまま参照します。第4引数の"将来価値"には完済時の金額を指定しますが、0の場合は省略できるので記述しません。同じく、第5引数の"支払期日"も、期末の場合は省略できるので記述しません。

図17-9　関数PMTの入力

　上記のように関数を入力して［Enter］キーを押すと、「毎月の返済額」を求められます。今回の例では「毎月の返済額」は約36,383円になりました。

※C6セルには「通貨」（小数点以下0桁）の表示形式が指定されているため、小数点以下を四捨五入した数値が表示されます。関数PMTの厳密な計算結果は、36383.4899…という数値になります。

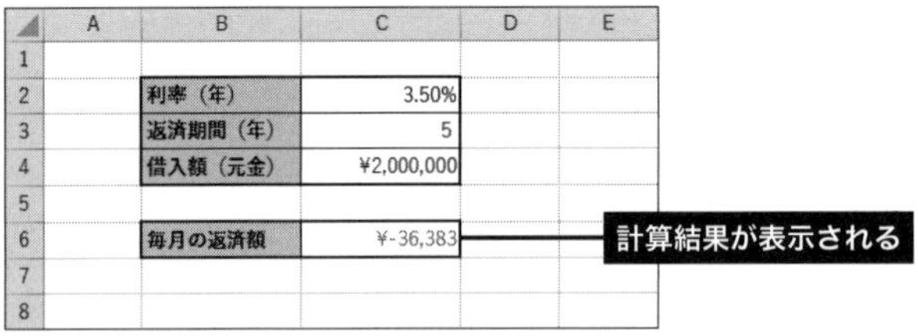

図17-10　関数PMTの計算結果

　利率や返済期間、借入額（C2～C4セル）の数値を変更すると、それに合わせて「毎月の返済額」が再計算されるのを確認できると思います。気になる方は、色々と数値を変更してみるとよいでしょう。
　そのほか、「毎月の積立額」の計算に関数PMTを使用することも可能です。この場合は、"現在価値"の引数を0（ゼロ）、"将来価値"の引数を目標金額となるように指定します。

18 | 条件に応じて処理を変更する関数

条件に応じて処理を分岐させる関数（IF）

　Excelには、条件に応じて処理を分岐させることができる**IF**という関数も用意されています。続いては、関数IFの使い方を解説します。

　関数IFを使用するときは、引数に3つの値を指定します。第1引数には処理を分岐させる"**条件**"を記述します。第2引数には**条件を満たす場合（真の場合）**の処理、第3引数には**条件を満たさない場合（偽の場合）**の処理を記述します。以上をまとめると、関数IFの書式は以下のようになります。

■関数IFの書式

　　=IF(条件, 真の場合, 偽の場合)

　それぞれの引数について順番に解説していきましょう。第1引数となる"条件"は**比較演算子**を使って記述します。Excelでは以下に示した比較演算子を使用することが可能です。

■比較演算子

記号	意味	記述例	意味
>	○○より大きい	C3>B3	C3セルの数値がB3セルより大きい場合
>=	○○以上	C3=>10	C3セルの数値が10以上の場合
<	○○より小さい	C3<50	C3セルの数値が50より小さい場合
<=	○○以下	C3<=B3	C3セルの数値がB3セル以下の場合
=	等しい	C3=100	C3セルの数値が100の場合
=	等しい	C3="許可"	C3セルの文字が「許可」の場合
=	等しい	C3=A2	C3セルの値がA2セルに等しい場合
<>	等しくない	C3<>100	C3セルの数値が100でない場合
<>	等しくない	C3<>"準備中"	C3セルの文字が「準備中」でない場合
<>	等しくない	C3<>A2	C3セルの値がA2セルに等しくない場合

たとえば「C3<100」と条件を記述すると、「C3セルの数値が100より小さい場合」を条件に指定できます。もちろん、文字を条件に指定することも可能です。この場合は、=（等しい）または<>（等しくない）の比較演算子を使用します。ただし、条件とする文字を" "（ダブルクォーテーション）で囲って記述する必要があることに注意してください（数値やセルと比較する場合は" "の記述は必要ありません）。

第2引数には**条件を満たす場合**の処理を記述します。セルに文字を表示する場合は、その文字を" "で囲って記述します。同様に、第3引数には**条件を満たさない場合**の処理を記述します。

関数IFで表示する文字を条件分岐させる

少し分かりにくいと思うので、具体的な例を紹介しておきましょう。以下は、会場設営にかかる費用をまとめた表です。費用の合計が予算内に収まる場合は「予算内」、予算を上回る場合は「予算オーバー」と表示するように関数IFを入力しています。

	A	B	C	D	E	F	G	H	I
1									
2		会場設営の費用							
3									
4		予算	¥300,000		=IF(E11<=C4,"予算内","予算オーバー")				
5									
6		項目	単価	数量	小計				
7		会場費	¥148,000	1	¥148,000				
8		トラック	¥22,000	2	¥44,000				
9		照明	¥2,700	16	¥43,200				
10		設営バイト	¥8,500	10	¥85,000				
11				合計	¥320,200				
12									
13									

関数IFを入力

図18-1　条件に応じて表示する文字を変化させる関数IF

この場合の条件は、「費用の合計（E11）が予算（C4）以下であるか？」となります。これを比較演算子を使って記述すると「E11<=C4」となります。この条件を満たす場合（真の場合）は「予算内」と表示するので、第2引数には「"予算内"」と記述します。一方、条件を満たさなかった場合は「予算オーバー」と表示するので、第3引数に「"予算オーバー"」と記述します。文字を表示する場合は、前後を" "で囲む必要があることに注意してください。

［Enter］キーを押すと関数IFが入力され、条件に応じた文字がセルに表示されます。今回の例の場合、「E11<=C4」の条件を満たしていないため「予算オーバー」と表示されます。

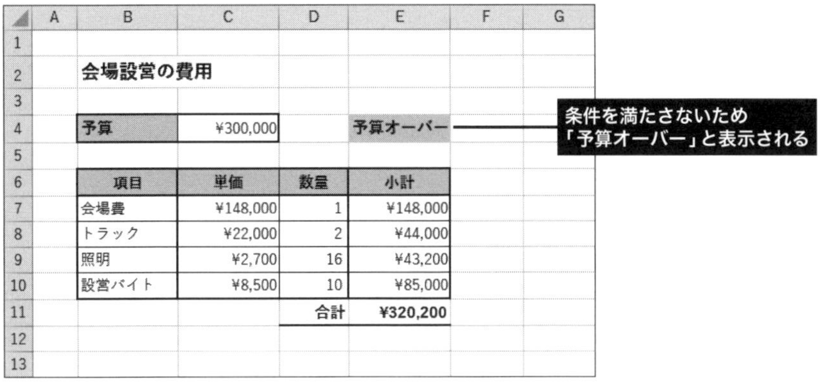

	A	B	C	D	E	F	G
1							
2		会場設営の費用					
3							
4		予算	¥300,000		予算オーバー		
5							
6		項目	単価	数量	小計		
7		会場費	¥148,000	1	¥148,000		
8		トラック	¥22,000	2	¥44,000		
9		照明	¥2,700	16	¥43,200		
10		設営バイト	¥8,500	10	¥85,000		
11				合計	¥320,200		
12							
13							

図18-2　条件を満たさない場合の表示

「E11<=C4」の条件を満たすように「照明の数」と「アルバイトの人数」を調整すると、関数IFが入力されているセルの表示は「予算内」に変化します。

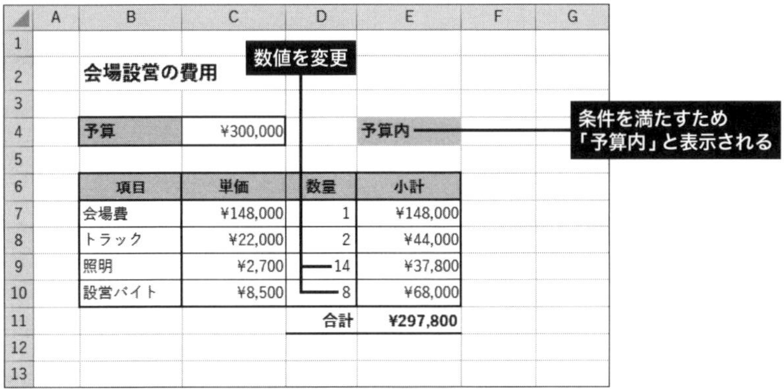

	A	B	C	D	E	F	G
1							
2		会場設営の費用					
3							
4		予算	¥300,000		予算内		
5							
6		項目	単価	数量	小計		
7		会場費	¥148,000	1	¥148,000		
8		トラック	¥22,000	2	¥44,000		
9		照明	¥2,700	14	¥37,800		
10		設営バイト	¥8,500	8	¥68,000		
11				合計	¥297,800		
12							
13							

図18-3　条件を満たす場合の表示

このように、条件に応じて表示する文字を変化させたい場合に関数IFが活用できます。

関数IFで計算方法を条件分岐させる

関数IFは、条件に応じて計算方法を変化させる場合にも活用できます。この場合は、関数IFの第2引数と第3引数に数式を入力します。たとえば、「会員」の場合は1時間当たり450円、「会員」でない場合は1時間当たり550円という料金設定をする場合、以下のように関数IFを入力すると、条件別に利用料金を計算できます。

=IF(C8="会員",$C$3*E8,$C$4*E8)
C8が「会員」の場合はC3*E8、そうでない場合はC4*E8

条件に合うため、450円×(利用時間)で計算される（¥900）

図18-4　条件に応じて計算方法を変化させる関数IF

もちろん、オートフィルを使って関数IFをコピーすることも可能です。この場合は、セル参照が自動調整されながら関数IFがコピーされていくため、上記のようにC3とC4のセル参照を絶対参照で指定しておく必要があります。

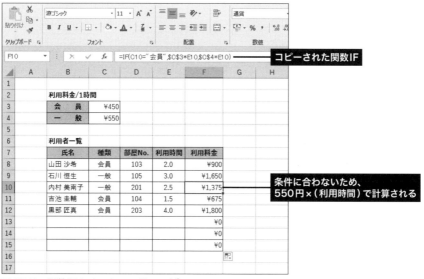

図18-5 関数IFをオートフィルでコピー

関数IFの入れ子構造（ネスト）

　条件に応じて処理を3つ以上に分けたい場合は、関数IFを入れ子構造（ネスト）にして記述します。たとえば、BMIの値（C3セル）が25.0以上の場合は「肥満」、18.5〜24.9の場合は「正常」、18.4以下の場合は「低体重」と表示するときは、以下のように関数IFを記述します。

=IF(C3>=25,"肥満",IF(C3>=18.5,"正常","低体重"))

　簡単に解説しておきましょう。最初のIFでは「C3セルが25以上」が条件になり、これを満たす場合は「肥満」という文字が表示されます。満たさなかった場合は、2番目のIFで処理が行われます。こちらは「C3セルが18.5以上」という条件が指定されています。すなわち、「C3セルが25未満かつ18.5以上」の場合に「正常」という文字が表示されることになります。C3セルの値が18.5未満の場合は、2番目のIFの条件も満たさないため「低体重」の文字が表示されます。
　このようにIFを入れ子構造にすることで、処理を3つ以上に分岐させることも可能です。念のため、覚えておいてください。

関数IFを使った空白処理

続いては、関数IFを使って空白処理を行う方法を紹介します。以下は、Excelで請求書を作成した例です。そのつど数式を入力するのは面倒なので、(数量)×(単価)を計算する数式はあらかじめ入力してあります。

図18-6 あらかじめ数式を入力しておいた請求書

この場合、「数量」と「単価」を入力していくだけで自動的に「小計」を算出することができます。ただし、何も入力されていない行も(数量)×(単価)の計算が行われるため、「¥0」の計算結果がいくつも表示されてしまい、あまり格好よくありません。

このような場合は関数IFを使って数式を記述しておくと、不要な「¥0」の表示を消去することができます。

図18-7 空白処理を行う関数IFの入力

前ページの例では、関数IFの条件に「D11=""」を指定しています。これは「D11セルが空白セルの場合」という条件になります。この条件を満たす場合の処理は「""」、すなわち「何も表示しない」という処理が行われます。一方、D11セルに何らかのデータが入力されていた場合は条件を満たさなくなるため、(数量)×(単価)の計算結果が表示されます。
　これをF12セル以降にもオートフィルでコピーすると、「数量」にデータが入力されているときだけ(数量)×(単価)の計算結果を表示できるようになります。

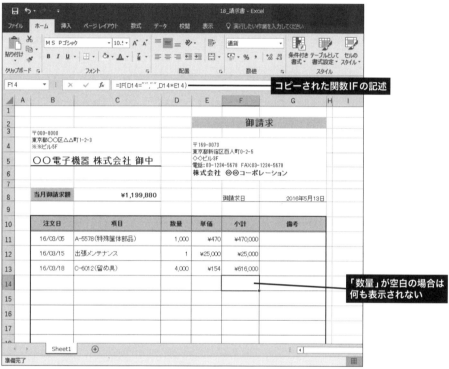

図18-8　関数IFで空白処理を行った請求書

　このように不要な計算結果を消去する処理のことを**空白処理**といいます。様々な場面に活用できるので、その仕組みをよく理解しておいてください。

条件に合う数値だけを合計する関数(SUMIF)

最後に、覚えておくと便利な関数をもう一つ紹介しておきます。これから紹介する関数**SUMIF**は、**条件を満たすセルだけを合計**する関数です。関数SUMと関数IFを組み合わせた機能を備えていると考えられるでしょう。

以下の例は、各社から受注した「数量」と「納品日」、「出荷日」をまとめた表です。各社の所在地に応じて配送日数が異なるため、「出荷日」は「納品日」の数日前になります。この計算を数式で自動処理しています。

	A	B	C	D	E	F	G	H
1								
2		受注一覧						
3		No.	社名	数量	所在地	配送日数	納品日	出荷日
4		1	○○工業	5,000	東　京	1	07/03	07/02
5		2	△△テクノ	2,500	山　口	2	07/08	07/06
6		3	□□精工	8,000	神奈川	1	07/06	07/05
7		4	◎◎デザイン	3,200	埼　玉	1	07/07	07/06
8		5	◇◇製作所	600	北海道	3	07/05	07/02
9		6	××加工機械	1,200	鹿児島	2	07/08	07/06
10		7	▽▽商事	4,400	愛　知	1	07/08	07/07
11		8	※※製造	3,500	香　川	2	07/06	07/04
12								
13								

=G4-F4
=G5-F5
=G6-F6

図18-9　出荷日を数式で計算した表

Excelでは、日付データも数値データの一種として扱われます。日付の「1日」が数値の「1」に相当することを知っていれば、この数式の仕組みは容易に理解できると思います(P29～30参照)。

さて、ここで問題となるのが、それぞれの「出荷日」に「商品をいくつ用意しておけばよいか?」という問題です。それぞれの「出荷日」ごとに「数量」を合計していけば算出できる問題ですが、これは意外と面倒な作業になります。このような場合に活用できるのが関数**SUMIF**です。関数SUMIFは以下に示した書式で記述します。

■関数SUMIFの書式

　=SUMIF(範囲, 検索条件, [合計範囲])

第1引数となる"範囲"には、**条件の対象とするセル範囲**を指定します。続いて、第2引数に**条件**を指定し、第3引数に**合計するセル範囲**を指定します。少し分かりにくいと思うので具体的な例で見ていきましょう。

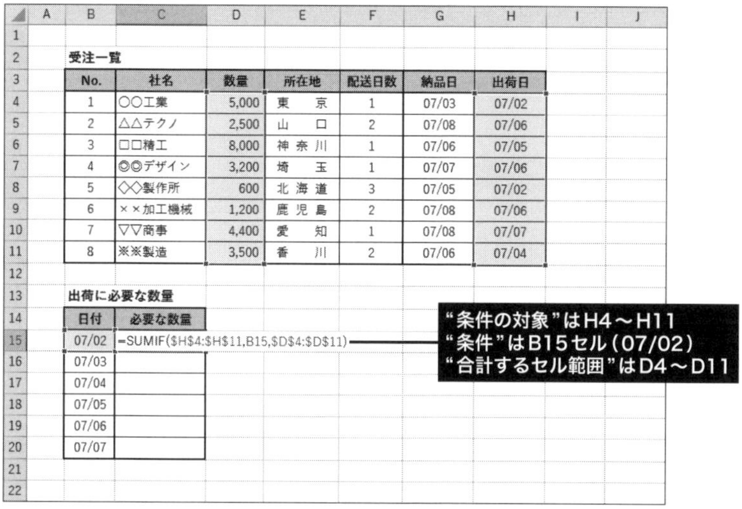

図18-10　各出荷日に必要な「数量」を合計する関数SUMIF

"条件の対象"はH4〜H11
"条件"はB15セル（07/02）
"合計するセル範囲"はD4〜D11

今回の例では「出荷日」が"条件の対象"となるため、第1引数にはH4〜H11のセル範囲を指定します。オートフィルで関数SUMIFをコピーしたときにセル範囲が自動調整されないように、絶対参照でセル範囲を指定してあります。

続いて、"条件"となる第2引数の指定です。今回はB15セルに入力されている「日付」を条件とするため、「B15」とセル参照を記述します。

最後に、"合計するセル範囲"を指定します。これは「数量」が入力されているD4〜D11のセル範囲となります。こちらもオートフィルでコピーしたときにセル範囲が自動調整されないように、絶対参照でセル範囲を指定してあります。

このように関数IFを入力すると、「出荷日」が07/02の「数量」だけを合計できるようになります。つまり、「○○工業の5,000」と「◇◇製作所の600」だけが合計されることになります。

18　条件に応じて処理を変更する関数

153

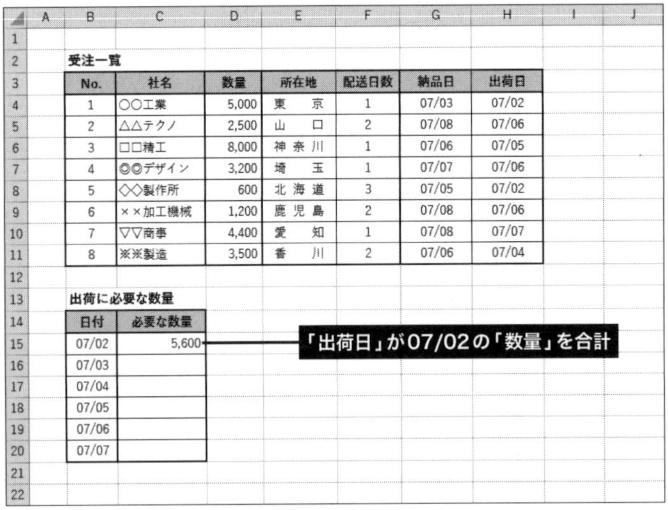

受注一覧

No.	社名	数量	所在地	配送日数	納品日	出荷日
1	○○工業	5,000	東京	1	07/03	07/02
2	△△テクノ	2,500	山口	2	07/08	07/06
3	□□精工	8,000	神奈川	1	07/06	07/05
4	◎◎デザイン	3,200	埼玉	1	07/07	07/06
5	◇◇製作所	600	北海道	3	07/05	07/02
6	××加工機械	1,200	鹿児島	2	07/08	07/06
7	▽▽商事	4,400	愛知	1	07/08	07/07
8	※※製造	3,500	香川	2	07/06	07/04

出荷に必要な数量

日付	必要な数量
07/02	5,600
07/03	
07/04	
07/05	
07/06	
07/07	

図18-11　関数SUMIFの計算結果

関数SUMIFをオートフィルでコピーすると、以降の「出荷日」についても「必要な数量」を算出できます。たとえば「出荷日」が07/06のときは、△△テクノの2,500、◎◎デザインの3,200、××加工機械の1,200だけが合計され、その計算結果として6,900と表示されます。

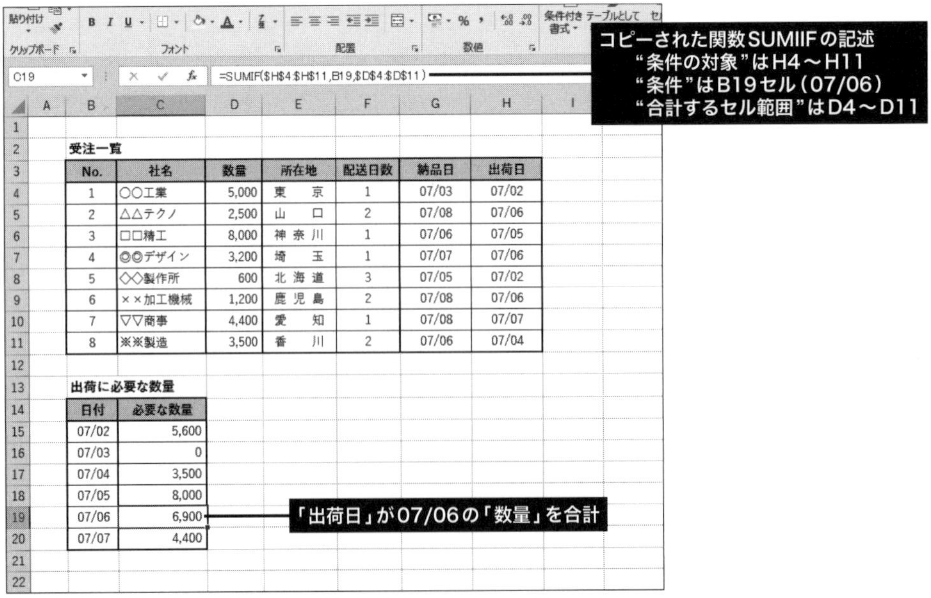

受注一覧

No.	社名	数量	所在地	配送日数	納品日	出荷日
1	○○工業	5,000	東京	1	07/03	07/02
2	△△テクノ	2,500	山口	2	07/08	07/06
3	□□精工	8,000	神奈川	1	07/06	07/05
4	◎◎デザイン	3,200	埼玉	1	07/07	07/06
5	◇◇製作所	600	北海道	3	07/05	07/02
6	××加工機械	1,200	鹿児島	2	07/08	07/06
7	▽▽商事	4,400	愛知	1	07/08	07/07
8	※※製造	3,500	香川	2	07/06	07/04

出荷に必要な数量

日付	必要な数量
07/02	5,600
07/03	0
07/04	3,500
07/05	8,000
07/06	6,900
07/07	4,400

図18-12　オートフィルで関数SUMIFをコピー

19 Webから表を取り込み、加工して利用する

Webに掲載されている表をExcelに取り込む

Webページに掲載されている表をExcelに取り込んで利用したい場合もあると思います。このような場合は、表全体をマウスでドラッグして［Ctrl］＋［C］キーを押し、［Ctrl］＋［V］キーでExcelに貼り付けるのが一般的な手法です。

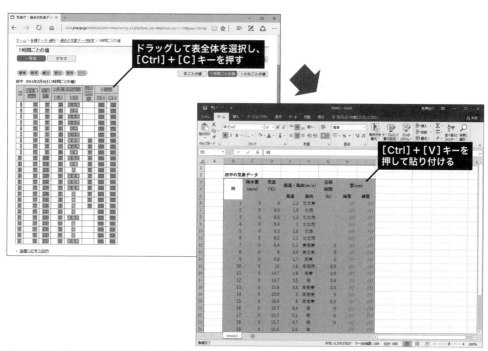

図19-1　コピー&ペーストを使った表の取り込み

ただし、表以外の部分までコピーされたり、表の書式までデータがコピーされたりする場合があり、必ずしも思いどおりの結果になるとは限りません。そこで、「**外部データの取り込み**」という機能を使って表を取り込む方法を覚えておくと便利です。この機能を使ってWebページから表を取り込むときは、次ページのように操作します。

155

1 取り込みたい表が掲載されているWebページをブラウザで表示し、URLを［Ctrl］＋
［C］キーでコピーします。

2 Excelを起動し、表を貼り付ける**先頭セル**を選択します。続いて、［データ］タブにある「**外部データの取り込み**」をクリックし、「**Webクエリ**」を選択します。

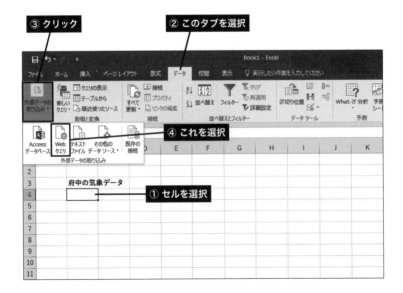

3 「新しいWebクエリ」という画面が表示されるので、手順1でコピーしたURLを[Ctrl]
＋[V]キーで貼り付け、[移動]ボタンをクリックします。

4 「新しいWebクエリ」の画面内にWebページが表示されます。このWebページ内にある をクリックして**取り込む表を指定**します。続いて、[取り込み]ボタンをクリックします。

5 取り込み先の**先頭セル**を指定する画面が表示されるので、これを確認してから［**OK**］**ボタン**をクリックします。

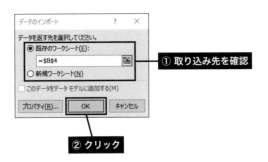

6 少し待つと、表のデータがExcelに取り込まれます。以上で、Webページから表を取り込む作業は完了です。

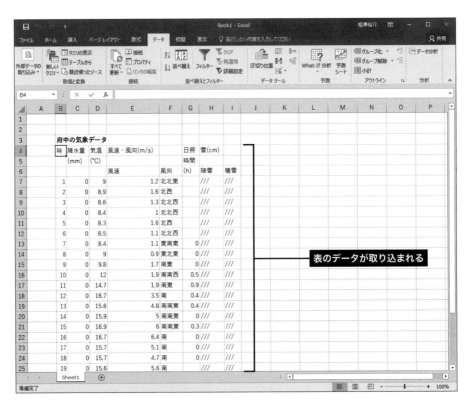

Webページから取り込んだ表のデータの計算

　Webページから取り込んだ表をもとに様々な計算を行うことも可能です。ここでは、気象庁のWebページから取り込んだ「1時間ごとの気象データ」を10～12時／13～15時／16～18時／19～21時の4つの時間帯に区切り、「3時間ごとの気象データ」に加工する場合の例を紹介しておきましょう。「気温」は各時間の平均、「降水量」は各時間の合計を算出することで「3時間ごとの気象データ」を求めています。

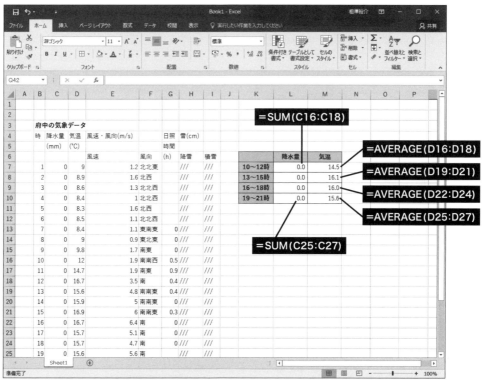

図19-2　「3時間ごとの気象データ」の計算

　「気温」の平均は関数AVERAGE、「降水量」の合計は関数SUMを入力すると算出できます。この操作手順は「自分で入力した表」の計算を行う場合と同じです。

取り込んだデータの更新

「**外部データの取り込み**」を使って取り込んだ表は、データを手軽に更新できることも利点の一つとなります。これまでに紹介してきた例では、「3月6日の気象データ」をWebから取り込み、「3時間ごとの気象データ」に加工していました。これを「他の日付の気象データ」について調べなおすことも可能です。取り込んだ表を"別のデータ"に差し替えるときは、以下のように操作を行います。

1 取り込んだ表内にあるセルを**右クリック**し、「**クエリの編集**」を選択します。

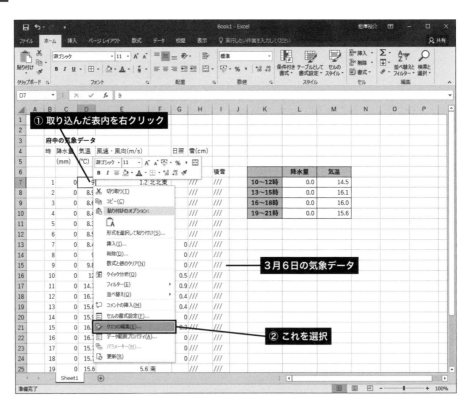

2 「Webクエリの編集」という画面が表示され、取り込み元のWebページが表示されます。このWebページは通常のWebページと同じように操作できるため、**リンクをクリック**して別のページへ移動することが可能です。

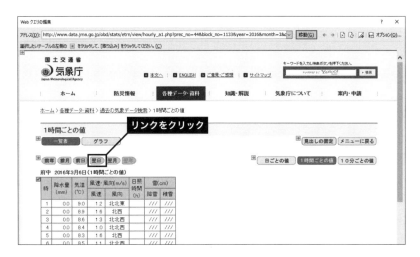

3 リンク先ページが表示されたら、■をクリックして**取り込む表を指定**しなおし、[**取り込み**] **ボタン**をクリックします。

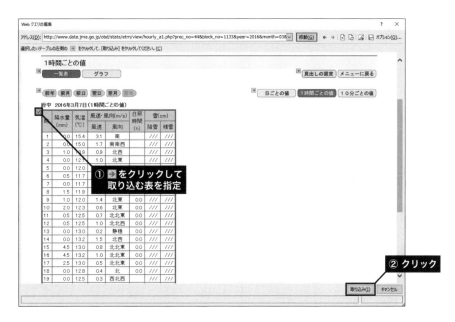

4 少し待つと、表のデータが更新されます。もちろん、数式や関数の計算結果も"更新後のデータ"で再計算されます。

　このように「外部データの取り込み」を使うと、Webから表を次々と取り込んで、必要なデータに加工していくことが可能となります[※]。プレゼン資料を作成する場合、データ分析を行う場合など、インターネットに公開されているデータが便利に活用できる場面は沢山あります。Web上にあるデータを効率よく利用できるように、ぜひ使い方を覚えておいてください。

※この手法が使えるのは、表の行数／列数が同じサイズで作成されている場合に限られます。行数／列数が異なる場合は、思いどおりの計算結果を得られない場合があることに注意してください。

第3章

データ処理とグラフの作成

20　数値順や50音順にデータを並べ替える
21　日本語の並べ替えとふりがなの編集
22　フィルター機能を使って必要なデータだけを抽出
23　表データから様々なグラフを作成
24　グラフ内に表示する要素と文字の編集
25　縦軸と横軸のカスタマイズ
26　グラフの色を変更するには？
27　「縦棒」と「折れ線」の複合グラフを作成

20 数値順や50音順にデータを並べ替える

データを数値順に並べ替え

　Excelには、表のデータを数値順や50音順に並べ替える機能が用意されています。この機能は、作成した表を整理したり、データを分析したりする場合に活用できます。まずは、データを並べ替えるときの操作手順から解説していきます。

　表内のデータを並べ替えるときは、[**ホーム**]**タブ**にある「**並べ替えとフィルター**」をクリックし、「**昇順**」または「**降順**」を選択します。それぞれを選択したときの数値の並び順は以下のとおりです。

　　　　昇順 ……… 数値が**小さい → 大きい**の順に並べ替えられる
　　　　降順 ……… 数値が**大きい → 小さい**の順に並べ替えられる

　並べ替えの基準とする列は**セルの選択**により指定します。たとえば、以下の表を「合計」の数値順に並べ替えるときは、「合計」の列にある**セルを1つだけ選択**します。

No.	日付	会場	担当者	男性	女性	合計
1	06/04	新宿	大林 浩一	56	32	88
2	06/05	水道橋	乾 昌利	47	36	83
3	06/11	池袋	大林 浩一	101	87	188
4	06/11	梅田	小宮山 泉希	123	91	214
5	06/12	名古屋	成田 満彦	84	65	149
6	06/12	福岡	夏目 久人	108	121	229
7	06/12	京都	小宮山 泉希	73	65	138
8	06/18	函館	乾 昌利	51	33	84
9	06/19	新宿	大林 浩一	174	127	301
10	06/19	札幌	乾 昌利	99	105	204
11	06/19	仙台	成田 満彦	117	89	206
12	06/25	新宿	大林 浩一	210	134	344
13	06/25	梅田	小宮山 泉希	151	160	311
14	06/26	船橋	大林 浩一	106	74	180
15	06/26	名古屋	成田 満彦	114	69	183
16	06/26	札幌	乾 昌利	87	108	195

（セルを1つだけ選択）

図20-1　並べ替えの基準にする列の指定

この状態で「並べ替えとフィルター」をクリックし、「昇順」または「降順」を選択すると、表内のデータを好きな順番に並べ替えることができます。

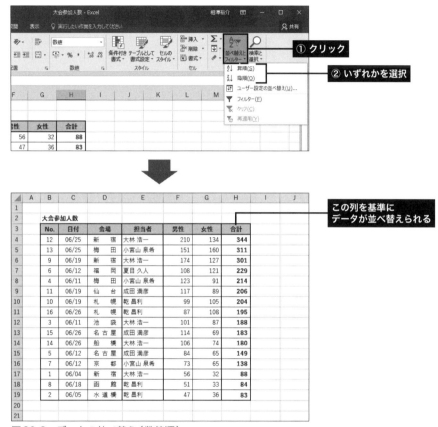

図20-2　データの並べ替え（数値順）

 最初に選択するセル
　　複数のセルを選択した状態で並べ替えを実行しようとすると、図20-3に示した確認画面が表示されます。ここで「現在選択されている範囲を並べ替える」を指定すると、選択したセル範囲の中だけで並べ替えが行われます。この場合、左右に隣接するセルは並べ替えられないため、並べ替えた結果が正しくない表になります。表全体を並べ替えの対象にするときは、セルを1つだけ選択するか、もしくは図20-3の画面で「選択範囲を拡張する」を指定しなければいけません。

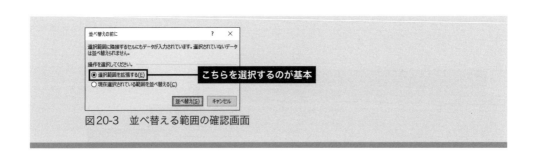

図20-3　並べ替える範囲の確認画面

整理番号の活用

先ほど紹介した表を「No.」の列を基準にして並べ替えると、表を元の並び順に戻すことができます。このようにデータを特定の並び順に戻したいときは「NO.」や「ID」などの列を用意し、整理番号を付加しておくと便利です。

なお、表内に**空白行**や**空白列**がある場合は、そこで表が途切れていると判断されるため、以降のデータは並べ替えの対象になりません。

大会参加人数

No.	日付	会場	担当者	男性	女性	合計
4	06/11	梅田	小宮山 泉希	123	91	214
3	06/11	池袋	大林 浩一	101	87	188
5	06/12	名古屋	成田 満彦	84	65	149
1	06/04	新宿	大林 浩一	56	32	88
2	06/05	水道橋	乾 昌利	47	36	83
7	06/12	京都	小宮山 泉希	73	65	138
8	06/18	函館	乾 昌利	51	33	84
9	06/19	新宿	大林 浩一	174	127	301
10	06/19	札幌	乾 昌利	99	105	204
11	06/19	仙台	成田 満彦	117	89	206
12	06/25	新宿	大林 浩一	210	134	344
13	06/25	梅田	小宮山 泉希	151	160	311
14	06/26	船橋	大林 浩一	106	74	180
15	06/26	名古屋	成田 満彦	114	69	183
16	06/26	札幌	乾 昌利	87	108	195

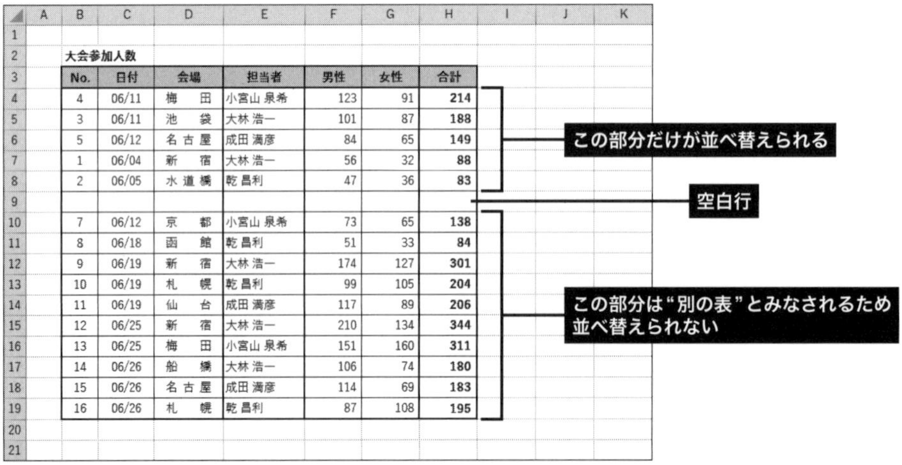

図20-4　表内に空白行がある場合

この問題を回避するには、空白行となっているセルに何らかのデータを入力し、「1つもデータが入力されていない行」を作らないようにする必要があります。入力するデータが特にない場合は、「-」（ハイフン）などの文字を入力しても構いません。これで表が途切れていると判断される問題を回避できます。

大会参加人数

No.	日付	会場	担当者	男性	女性	合計
1	06/04	新　宿	大林 浩一	56	32	**88**
2	06/05	水道橋	乾 昌利	47	36	**83**
3	06/11	池　袋	大林 浩一	101	87	**188**
4	06/11	梅　田	小宮山 泉希	123	91	**214**
5	06/12	名古屋	成田 満彦	84	65	**149**
6	中止					
7	06/12	京　都	小宮山 泉希	73	65	**138**
8	06/1[illegible]	函　館	乾 昌利	51	33	**84**
9	06/19	[illegible]　宿	大林 浩一	174	127	**301**
10	06/19	札 [illegible]	[illegible]	[illegible]	[illegible]	[illegible]
11	06/19	仙 [illegible]	[illegible]	[illegible]	[illegible]	[illegible]
12	06/25	新　宿	大林 浩一	210	134	**344**
13	06/25	梅　田	小宮山 泉希	151	160	**311**
14	06/26	船　橋	大林 浩一	106	74	**180**
15	06/26	名古屋	成田 満彦	114	69	**183**
16	06/26	札　幌	乾 昌利	87	108	**195**

データを入力して空白行をなくす

大会参加人数

No.	日付	会場	担当者	男性	女性	合計
12	06/25	新　宿	大林 浩一	210	134	**344**
13	06/25	梅　田	小宮山 泉希	151	160	**311**
9	06/19	新　宿	大林 浩一	174	127	**301**
4	06/11	梅　田	小宮山 泉希	123	91	**214**
11	06/19	仙　台	成田 満彦	117	89	**206**
10	06/19	札　幌	乾 昌利	99	105	**204**
16	06/26	札　幌	乾 昌利	87	108	**195**
3	06/11	池　袋	大林 浩一	101	87	**188**
15	06/26	名古屋	成田 満彦	114	69	**183**
14	06/26	船　橋	大林 浩一	106	74	**180**
5	06/12	名古屋	成田 満彦	84	65	**149**
7	06/12	京　都	小宮山 泉希	73	65	**138**
1	06/04	新　宿	大林 浩一	56	32	**88**
8	06/18	函　館	乾 昌利	51	33	**84**
2	06/05	水道橋	乾 昌利	47	36	**83**
6	中止					

表全体が並べ替えの対象になる

図20-5　空白行をなくした表の並べ替え

データを50音順に並べ替え

「文字が入力されている列」を基準にデータを並べ替えた場合は、**アルファベット順**や**50音順**にデータを並べ替えることができます。この場合、「**昇順**」と「**降順**」の並び順は、それぞれ以下のようになります。

　　　昇順 ……… 記号 →（A→Z）→（あ→ん）の順に並べ替えられる
　　　降順 ……… （ん→あ）→（Z→A）→ 記号 の順に並べ替えられる

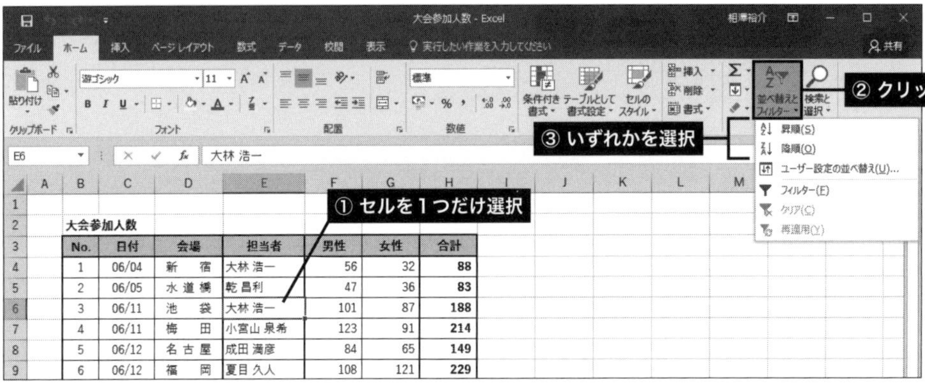

図20-6　データの並べ替え（50音順）

ただし、コピー&ペーストなどの手法でExcel以外のアプリから取り込んだデータは、正しい50音順になりません。この場合、全角文字（漢字）が**文字コード順**に並べ替えられる仕組みになっています。

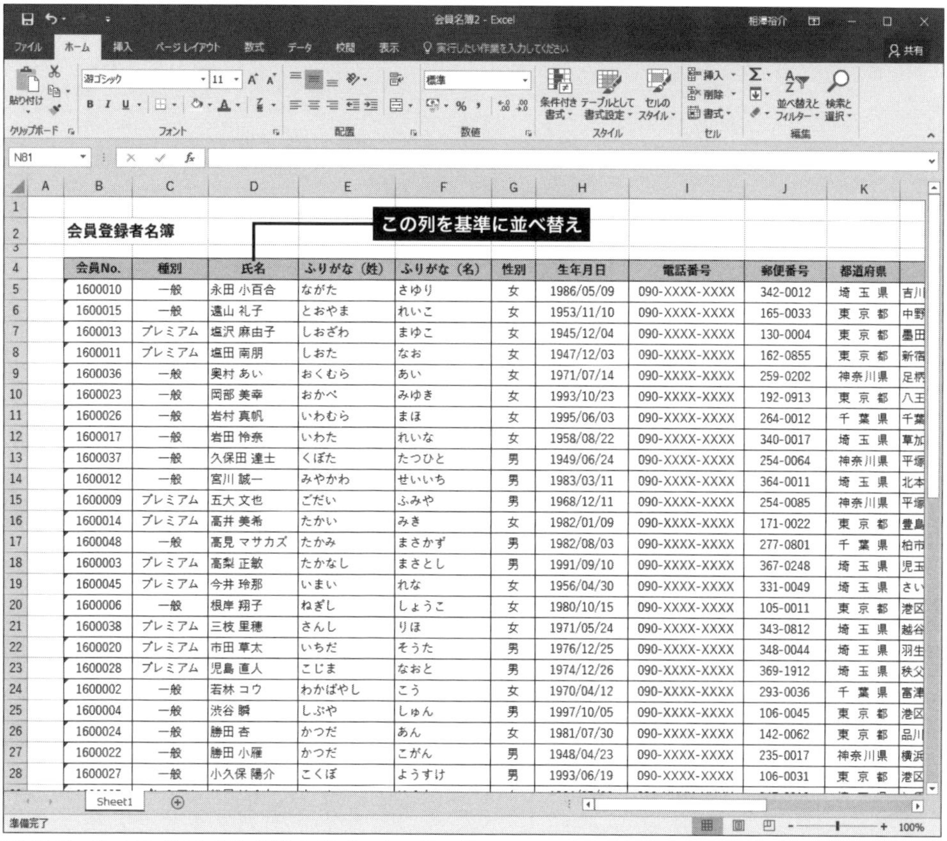

図20-7　他のアプリから取り込んだデータの並べ替え

　図20-7に示した例のように「ふりがな」の列が別途用意されていれば、この列を基準にして「氏名」の50音順に並べ替えることも可能です。ただし、この場合も若干の注意が必要になります。これについてはP175～179で詳しく解説します。

21 日本語の並べ替えとふりがなの編集

“ふりがな”と並べ替え

Excelは、**漢字変換を行う前の“読み”を“ふりがな”**として記録する仕組みになっています。このため、表記が同じで読み方が異なる漢字も正しい50音順に並べ替えられます。

たとえば、「浅草神社」（あさくさじんじゃ）と「浅草寺」（せんそうじ）は、いずれも「浅草」という漢字で始まりますが、このような場合でも正しく50音順に並べ替えることが可能です。

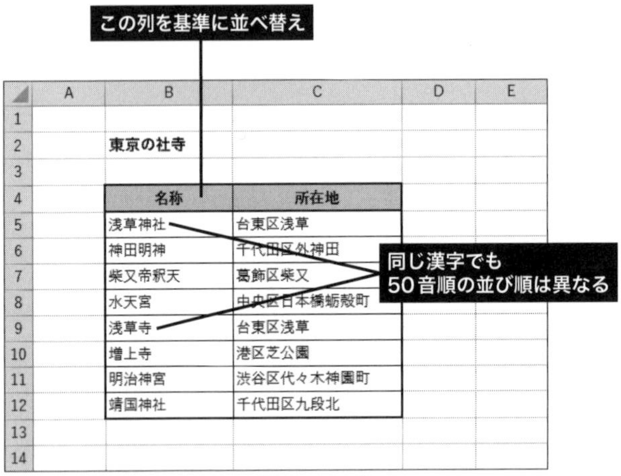

	A	B	C	D	E
1					
2		東京の社寺			
3					
4		名称	所在地		
5		浅草神社	台東区浅草		
6		神田明神	千代田区外神田		
7		柴又帝釈天	葛飾区柴又		
8		水天宮	中央区日本橋蛎殻町		
9		浅草寺	台東区浅草		
10		増上寺	港区芝公園		
11		明治神宮	渋谷区代々木神園町		
12		靖国神社	千代田区九段北		
13					
14					

図21-1　読み方が異なる漢字の並べ替え

ただし、間違った“読み”で入力した漢字はこの限りではありません。たとえば、「浅草寺」（せんそうじ）を「あさくさでら」と入力して漢字変換した場合は、以下のように間違った50音順に並べ替えられてしまいます。

図21-2　間違った"読み"で入力したデータの並べ替え

　データを正しい50音順に並べ替えるには、"正しい読み"で入力して漢字変換を行う必要があります。人名や地名のように"特別な読み方"をする漢字を"一般的な読み方"で入力して漢字変換すると、そのデータは正しい50音順に並べ替えられません。Excelに慣れていない方がミスを犯しやすいポイントなので、よく覚えておいてください。

記録されている"ふりがな"の表示と編集

　各セルに記録されている"ふりがな"を確認したいときは、[ホーム]タブにある（ふりがなの表示/非表示）の　をクリックし、「ふりがなの表示」を選択します。すると、記録されている"ふりがな"がセルの上部に表示されます。

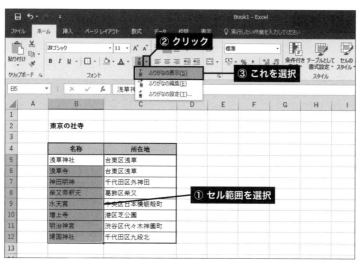

図21-3 記録されている"ふりがな"の表示

　記録されている"ふりがな"に間違いが見つかった場合は、正しい"ふりがな"に修正すると、データを正しい50音順に並べ替えられます。
　この作業を行うときは ア亜 の ▼ をクリックし、「**ふりがなの編集**」を選択します。すると、"ふりがな"の枠内にカーソルが移動し、"ふりがな"を自由に修正できるようになります。なお、"ふりがな"の文字は全角カタカナで入力するのが基本です[※]。

※ひらがなで"ふりがな"を入力した後、[F7]キーを押すと全角カタカナに変換できます。

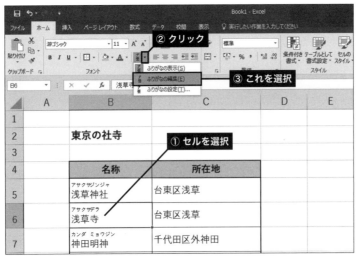

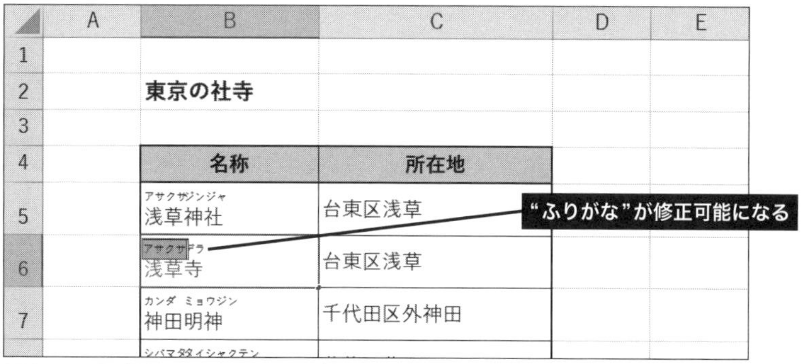

図21-4 記録されている"ふりがな"の修正

　コピー&ペーストなどによりExcel以外のアプリからデータを取り込んだ場合は、"ふりがな"が空白の状態で文字データだけが入力されます。この場合、"ふりがな"の情報がないため、データを50音順に並べ替えることはできません。

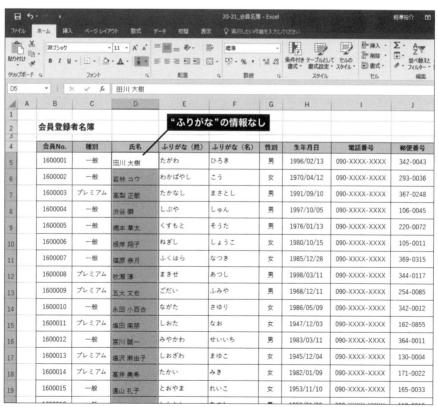

図21-5 "ふりがな"が空白のデータ

セルを選択した状態でから「**ふりがなの編集**」を選択すると、各セルに"ふりがな"を自動入力できますが、一般的な読みで"ふりがな"が追加されるため、必ずしも正しい"ふりがな"になるとは限りません。

図21-6　"ふりがな"の自動入力

また、それぞれのセルで同じ作業を繰り返さなければならないため、データの数が多くなると相当に手間のかかる作業になります。データを50音順に並べ替える可能性があるときは、データの入力方法にも注意するようにしてください。

複数の列を基準に並べ替え

図21-6のように「氏名」とは別に「ふりがな」の列が用意されている場合は、この列を基準にして50音順に並べ替えることも可能です。"ひらがな"や"カタカナ"だけが入力されているセルは、コピー&ペーストした文字であっても正しい50音順に並べ替えられます。

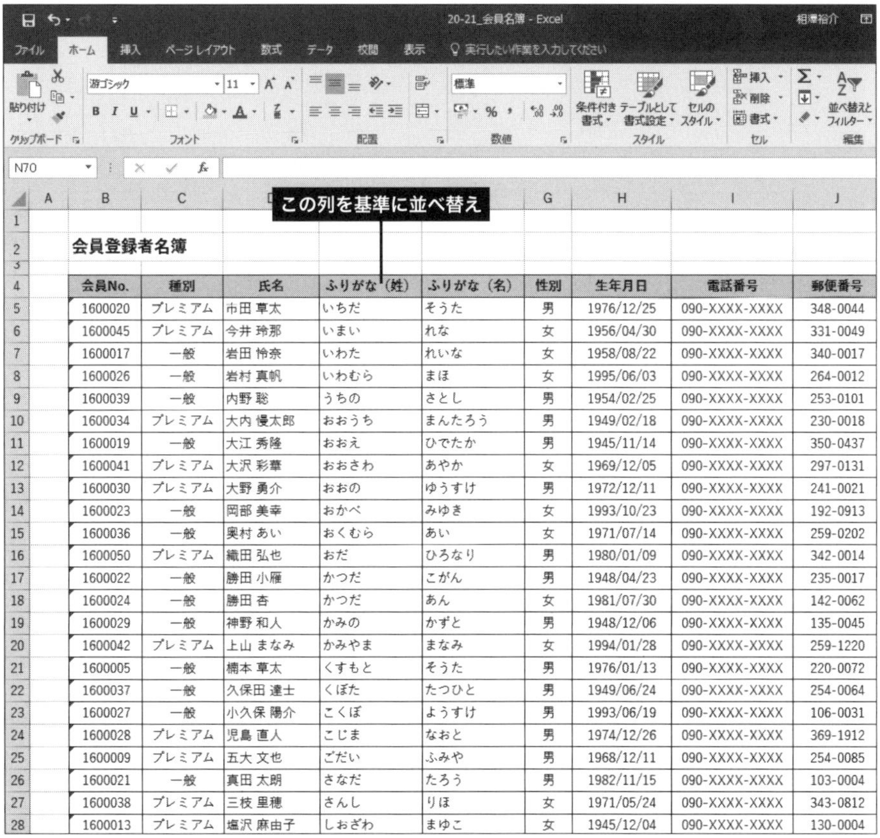

図21-7 「ふりがな(姓)」を基準に並べ替えた場合

ただし、「姓」と「名」が別々に管理されている場合は、同姓の並び順に注意しなければいけません。たとえば、先ほどの例の場合、「勝田 小雁」と「勝田 杏」の並び順が逆になってしまいます。

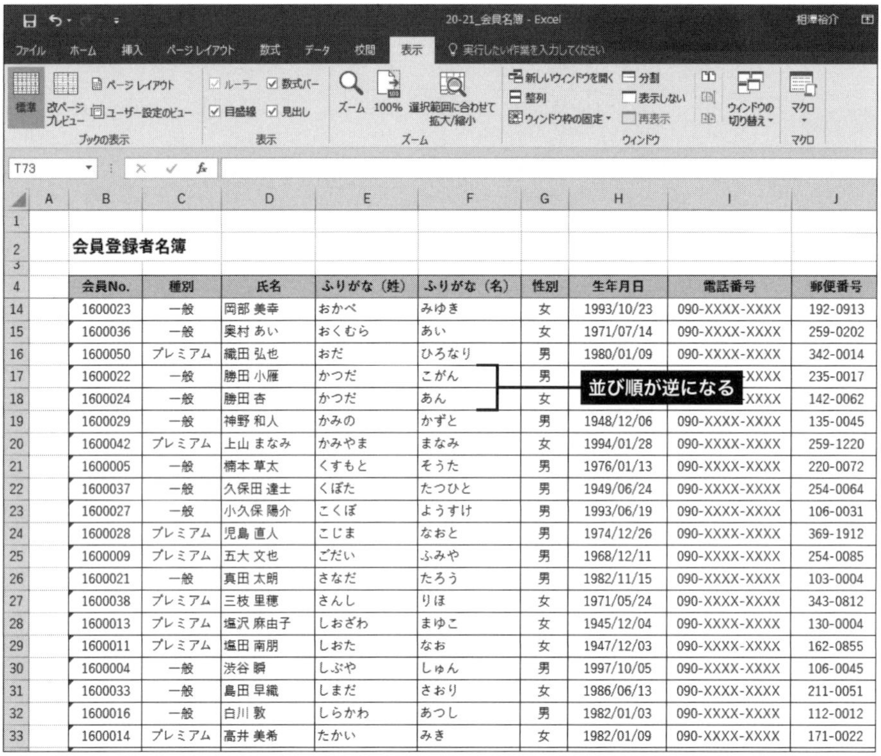

会員登録者名簿

会員No.	種別	氏名	ふりがな（姓）	ふりがな（名）	性別	生年月日	電話番号	郵便番号
1600023	一般	岡部 美幸	おかべ	みゆき	女	1993/10/23	090-XXXX-XXXX	192-0913
1600036	一般	奥村 あい	おくむら	あい	女	1971/07/14	090-XXXX-XXXX	259-0202
1600050	プレミアム	織田 弘也	おだ	ひろなり	男	1980/01/09	090-XXXX-XXXX	342-0014
1600022	一般	勝田 小雁	かつだ	こがん	男	[illegible]	XXXX	235-0017
1600024	一般	勝田 杏	かつだ	あん	女	[illegible]	XXXX	142-0062
1600029	一般	神野 和人	かみの	かずと	男	1948/12/06	090-XXXX-XXXX	135-0045
1600042	プレミアム	上山 まなみ	かみやま	まなみ	女	1994/01/28	090-XXXX-XXXX	259-1220
1600005	一般	楠本 草太	くすもと	そうた	男	1976/01/13	090-XXXX-XXXX	220-0072
1600037	一般	久保田 達士	くぼた	たつひと	男	1949/06/24	090-XXXX-XXXX	254-0064
1600027	一般	小久保 陽介	こくぼ	ようすけ	男	1993/06/19	090-XXXX-XXXX	106-0031
1600028	プレミアム	児島 直人	こじま	なおと	男	1974/12/26	090-XXXX-XXXX	369-1912
1600009	プレミアム	五大 文也	ごだい	ふみや	男	1968/12/11	090-XXXX-XXXX	254-0085
1600021	一般	真田 太朗	さなだ	たろう	男	1982/11/15	090-XXXX-XXXX	103-0004
1600038	プレミアム	三枝 里穂	さんし	りほ	女	1971/05/24	090-XXXX-XXXX	343-0812
1600013	プレミアム	塩沢 麻由子	しおざわ	まゆこ	女	1945/12/04	090-XXXX-XXXX	130-0004
1600011	プレミアム	塩田 南朋	しおた	なお	女	1947/12/03	090-XXXX-XXXX	162-0855
1600004	一般	渋谷 瞬	しぶや	しゅん	男	1997/10/05	090-XXXX-XXXX	106-0045
1600033	一般	島田 早織	しまだ	さおり	女	1986/06/13	090-XXXX-XXXX	211-0051
1600016	一般	白川 敦	しらかわ	あつし	男	1982/01/03	090-XXXX-XXXX	112-0012
1600014	プレミアム	高井 美希	たかい	みき	女	1982/01/09	090-XXXX-XXXX	171-0022

図21-8　「ふりがな（姓）」を基準に並べ替えた場合

両者とも「ふりがな（姓）」は「かつだ」であるため、この情報だけでは並び順を決定できません。このような場合は、元の並び順がそのまま維持される仕組みになっています。

50音順に並べ替える前は、「会員No.」の順番でデータが並べられていました。つまり、「勝田 小雁」の方が「勝田 杏」よりも上に配置されていたことになります。50音順に並べ替えた後もこの順番がそのまま維持され、「勝田 小雁」→「勝田 杏」という並び順になります。

このような問題を解決するには、**複数の列を条件に指定**して並べ替えを行う必要があります。次ページに、具体的な操作手順を紹介しておくので参考にしてください。

1 表内のセルを1つだけ選択した状態で「**並べ替えとフィルター**」から「**ユーザー設定の並べ替え**」を選択します。

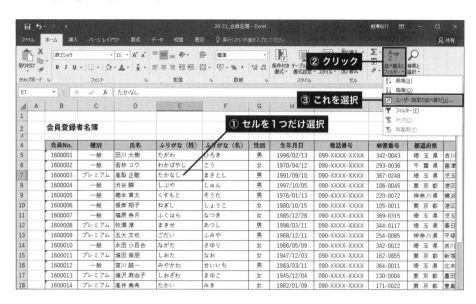

2 並べ替えの設定画面が表示されるので、**並べ替えの基準とする列**を選択し、**並べ替え方法**（昇順/降順）を指定します。

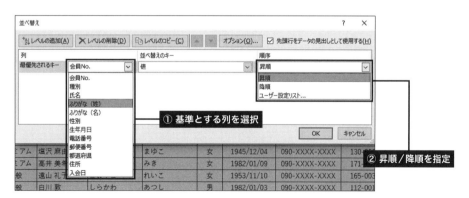

3 [レベルの追加]ボタンをクリックすると、2番目の並べ替え条件が追加されます。手順2と同様に、**並べ替えの基準とする列**と**並べ替え方法**（昇順／降順）を指定し、[OK]ボタンをクリックします。

4 指定した条件でデータが並べ替えられます。今回の例の場合、「ふりがな（姓）」でデータの並べ替えが行われ、このデータが同じ行は「ふりがな（名）」を基準にデータが並べ替えられます。

もちろん、3つ以上の列を並べ替え条件に指定しても構いません。たとえば、「種類」→「ふりがな（姓）」→「ふりがな（名）」という優先順位で並べ替えを実行すると、会員の「種類」（一般/プレミアム）を分けて50音順に並べ替えることが可能となります。

図21-9　複数の列を基準にした並べ替え

　様々な場面に応用できる機能なので、実際に色々と試しながら、その仕組みをよく理解しておいてください。

22 | フィルター機能を使って必要なデータだけを抽出

文字を条件にデータを抽出

　Excelには、条件に合うデータだけを表から抽出できる**フィルター**という機能が用意されています。この機能も、表を整理したり、データを分析したりする場合に活用できます。フィルターを使用するときは、表内にある**セルを1つだけ選択**し、[ホーム]タブにある「**並べ替えとフィルター**」から「**フィルター**」を選択します。

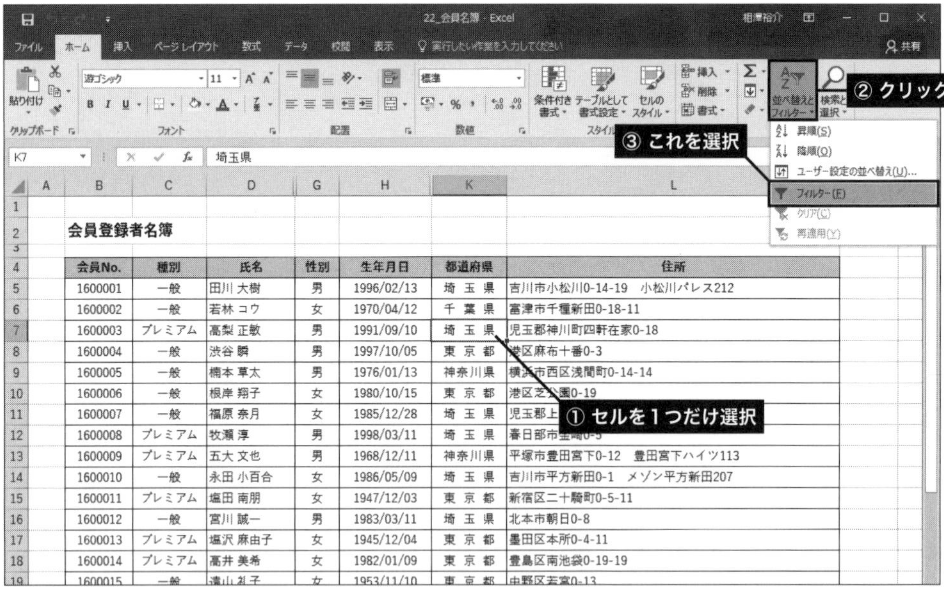

図22-1　フィルター機能の起動

※この表は、「ふりがな（姓）」と「ふりなが（名）」（E～F列）、「電話番号」と「郵便番号」（I～J列）、「入会日」（M列）を非表示に設定してあります。

　すると、各列の見出しセルに▼のボタンが表示されます。各列の抽出条件は、このボタンをクリックして指定します。まずは、「文字」を条件にデータを抽出するときの操作手順から解説していきましょう。

▼をクリックすると、その列に入力されている文字の一覧が表示されます。ここで**チェックボックスのON／OFF**を指定して［**OK**］**ボタン**をクリックすると、条件に合うデータだけを抽出することができます。たとえば、「都道府県」の見出しにある▼をクリックし、「千葉県」と「東京都」の項目だけをONにすると、都道府県が「千葉県」または「東京都」のデータだけを表から抽出できます。

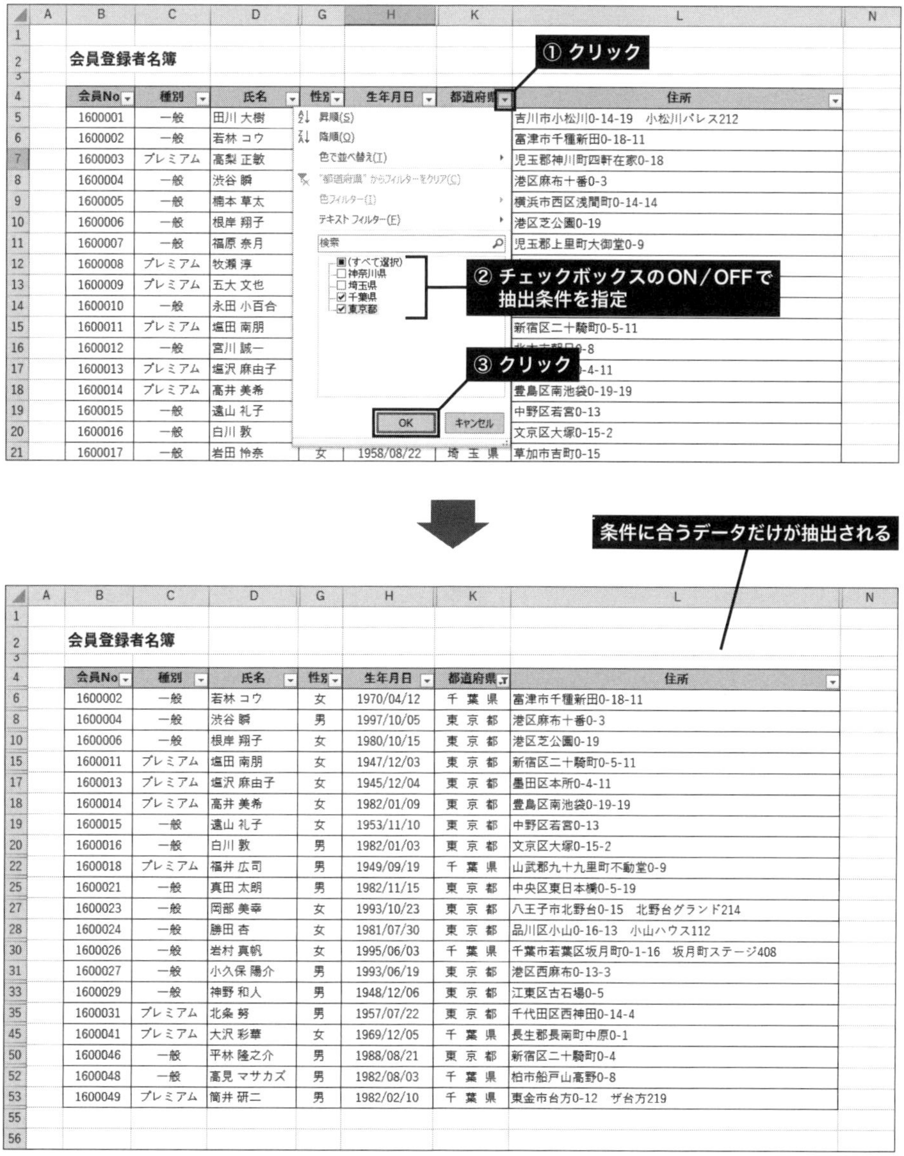

	会員No	種別	氏名	性別	生年月日	都道府県	住所
6	1600002	一般	若林 コウ	女	1970/04/12	千葉県	富津市千種新田0-18-11
8	1600004	一般	渋谷 瞬	男	1997/10/05	東京都	港区麻布十番0-3
10	1600006	一般	根岸 翔子	女	1980/10/15	東京都	港区芝公園0-19
15	1600011	プレミアム	塩田 南朋	女	1947/12/03	東京都	新宿区二十騎町0-5-11
17	1600013	プレミアム	塩沢 麻由子	女	1945/12/04	東京都	墨田区本所0-4-11
18	1600014	プレミアム	高井 美希	女	1982/01/09	東京都	豊島区南池袋0-19-19
19	1600015	一般	遠山 礼子	女	1953/11/10	東京都	中野区若宮0-13
20	1600016	一般	白川 敦	男	1982/01/03	東京都	文京区大塚0-15-2
22	1600018	プレミアム	福井 広司	男	1949/09/19	千葉県	山武郡九十九里町不動堂0-9
25	1600021	一般	真田 太朗	男	1982/11/15	東京都	中央区東日本橋0-5-19
27	1600023	一般	岡部 美幸	女	1993/10/23	東京都	八王子市北野台0-15　北野台グランド214
28	1600024	一般	勝田 杏	女	1981/07/30	東京都	品川区小山0-16-13　小山ハウス112
30	1600026	一般	岩村 真帆	女	1995/06/03	千葉県	千葉市若葉区坂月町0-1-16　坂月町ステージ408
31	1600027	一般	小久保 陽介	男	1993/06/19	東京都	港区西麻布0-13-3
33	1600029	一般	神野 和人	男	1948/12/06	東京都	江東区古石場0-5
35	1600031	プレミアム	北条 努	男	1957/07/22	東京都	千代田区西神田0-14-4
45	1600041	プレミアム	大沢 彩華	女	1969/12/05	千葉県	長生郡長南町中原0-1
50	1600046	一般	平林 隆之介	男	1988/08/21	東京都	新宿区二十騎町0-4
52	1600048	一般	高見 マサカズ	男	1982/08/03	千葉県	柏市船戸山高野0-8
53	1600049	プレミアム	筒井 研二	男	1982/02/10	千葉県	東金市台方0-12　ザ台方219

図22-2　文字を条件にしたデータの抽出

チェックボックスのON／OFFをスムーズに操作するには…？

最初は、全項目のチェックボックスがONの状態になっています。この状態で（すべて選択）をクリックすると、全項目のチェックボックスがまとめてOFFになります。この操作を行ってから抽出条件にする項目のチェックボックスをONにすると、スムーズに操作を進められます。

さらに、別の列に抽出条件を指定して**データを絞り込む**ことも可能です。たとえば、「性別」の列に「男」の抽出条件を指定すると、都道府県が「千葉県」または「東京都」で、性別が「男」のデータだけを抽出できます。

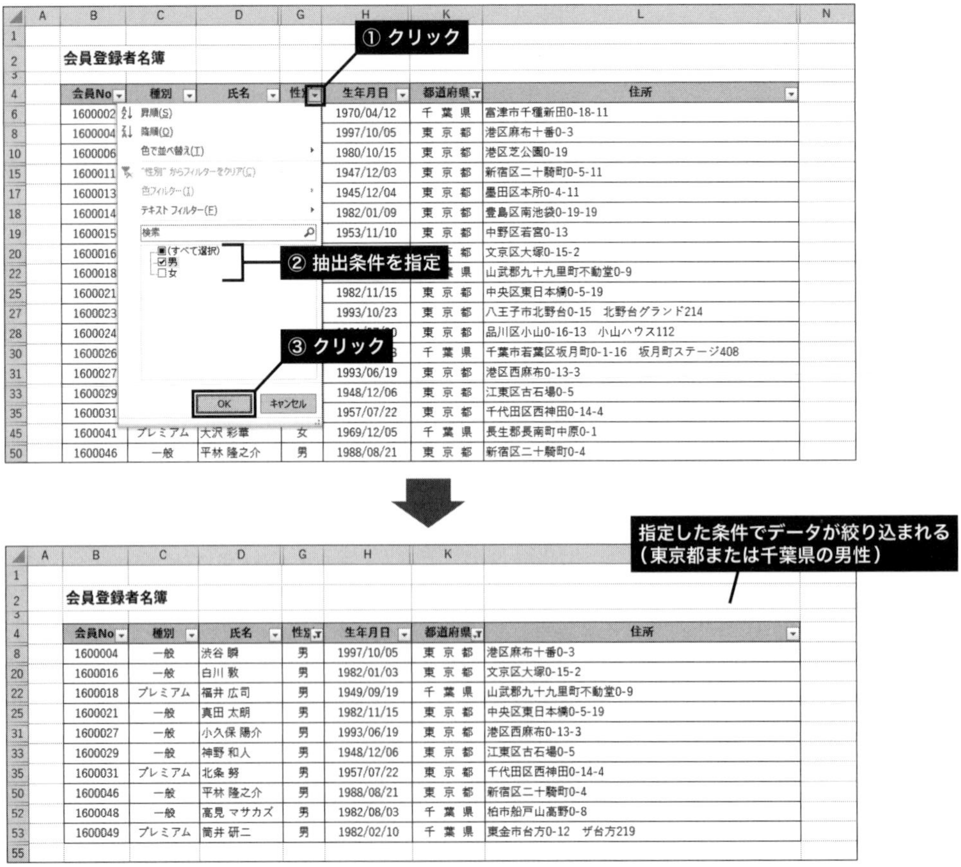

図22-3　文字を抽出条件にしたデータの絞り込み

なお、抽出条件を指定した列は、見出しセルにあるボタンの表示が 🔽 に変化する仕組みになっています。この表示を見ることで、「各列に抽出条件が指定されているか？」を確認することができます。

条件の解除とフィルター機能の終了

続いては、各列に指定した**抽出条件を解除**するときの操作手順を解説します。この場合は、🔽 をクリックし、「"〇〇"からフィルターをクリア」を選択します。すると、その列の抽出条件が解除されます。

たとえば、図22-3に示した例で「都道府県」の抽出条件を解除すると、性別が「男」のデータだけを表示できるようになります。

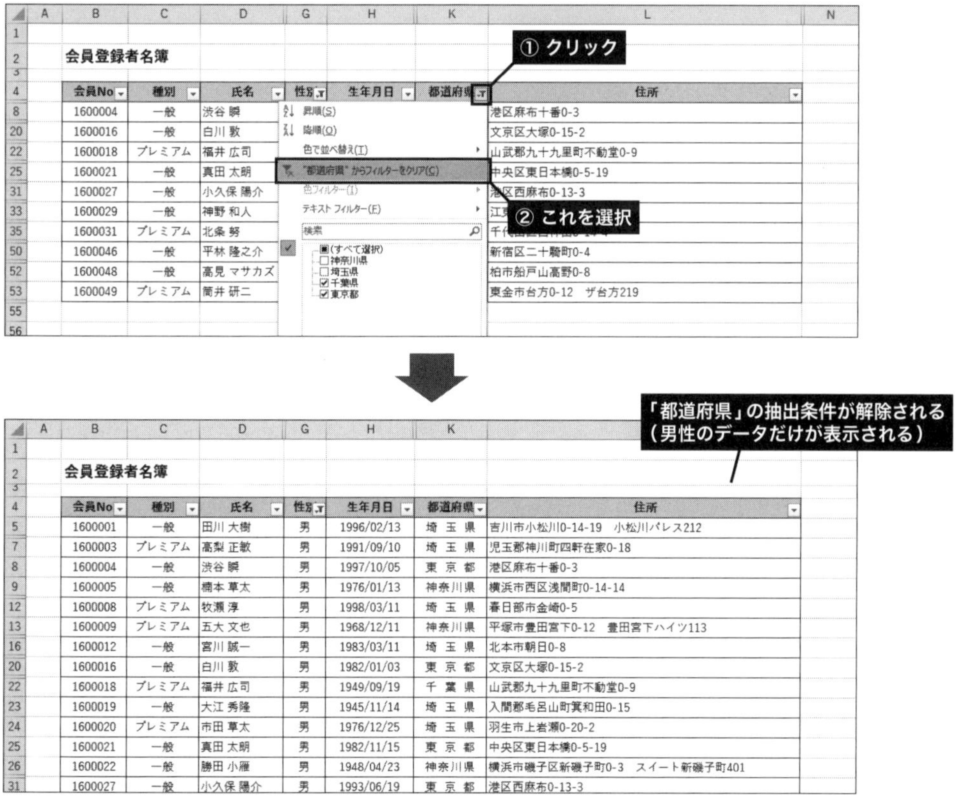

図22-4　抽出条件の解除

同様の手順で「性別」の列に指定した抽出条件も解除すると、最初の状態（全データを表示）に戻すことができます。
　そのほか、フィルター機能を無効にして全ての抽出条件を解除する方法もあります。「**並べ替えとフィルター**」をクリックして「**フィルター**」の項目をOFFにすると、や のボタンが消去され、全データを表示できるようになります。

図22-5　フィルターの終了

数値を条件にデータを抽出

各列に入力されている「数値」を条件にしてデータを抽出することも可能です。この場合は、○○以上や○○未満、○○〜○○の間といった具合に**範囲を指定**してデータを抽出することが可能です。

1 P180に示した手順でフィルター機能を有効にします。続いて、条件を指定する列にある▼をクリックし、「**数値フィルター**」から**条件の種類**を選択します。

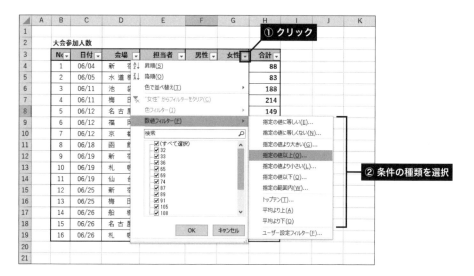

2 以下の図のような画面が表示されるので、条件とする**数値を入力**し、[OK] ボタンをクリックします。

3 抽出条件が指定され、その列のボタン表示が に変化します。今回の例の場合、「女性」の数値が100以上のデータだけが抽出されることになります。

	A	B	C	D	E	F	G	H	I	J	K
1											
2		大会参加人数									
3		No	日付	会場	担当者	男性	女性	合計			
9		6	06/12	福　岡	夏目 久人	108	121	229			
12		9	06/19	新　宿	大林 浩一	174	127	301			
13		10	06/19	札　幌	乾 昌利	99	105	204			
15		12	06/25	新　宿	大林 浩一	210	134	344			
16		13	06/25	梅　田	小宮山 泉希	151	160	311			
19		16	06/26	札　幌	乾 昌利	87	108	195			

条件に合うデータだけが抽出される

　もちろん、「他の列」にも抽出条件を指定し、さらにデータを絞り込んでいくことも可能です。指定した抽出条件を解除するときは、をクリックして「"○○"からフィルターをクリア」を選択します。この操作手順は、「文字」の抽出条件を指定した場合と同じです。

抽出したデータの並べ替え

　フィルター機能を使ってデータを抽出した表で、データの並べ替え（P164～169参照）を行うことも可能です。ただし、この場合は抽出条件を解除しても「元の並び順」に戻らないことに注意しなければいけません。「元の並び順」に戻すには、「No.」や「ID」などの列を基準にしてデータを並べ替えるか、もしくはファイルを保存しないでExcelを終了し、もう一度Excelファイルを開きなおす必要があります。

日付を条件にデータを抽出

列に入力されているデータが**日付データ**であった場合は、期間を条件に指定してデータを抽出することも可能です。▼をクリックすると、図22-6のような画面が表示されるので、「**日付フィルター**」から**条件の種類**を選択します。

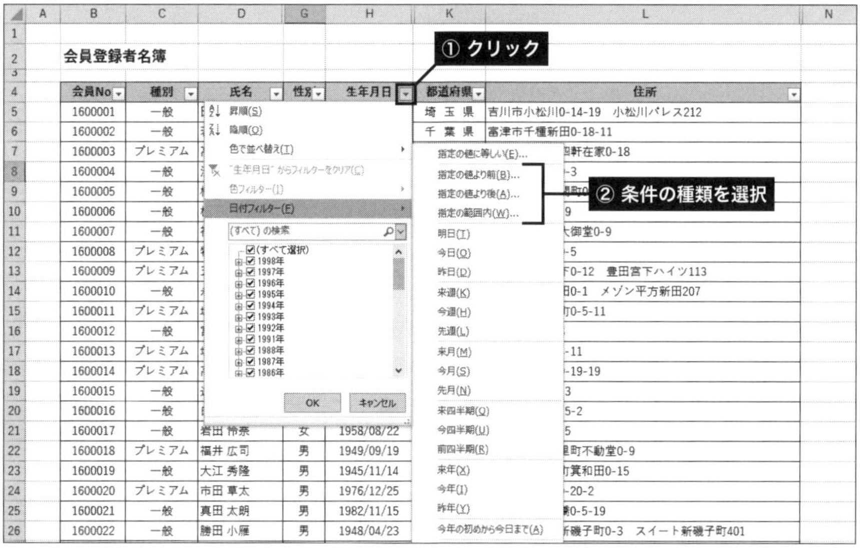

図22-6　日付データの抽出条件

すると、図22-7のような画面が表示され、条件とする期間を指定できるようになります。それぞれのテキストボックスには、日付をキーボードから入力するか、もしくはカレンダーを使って日付を指定します。

図22-7　条件とする日付を指定する画面

また、特定の月だけを条件に指定することも可能です。この場合は、「**期間内の全日付**」の中から月を選択します。たとえば、6月生まれの会員だけを抽出する場合は、以下のように操作します。

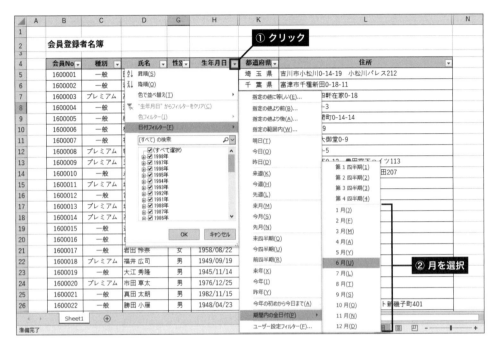

図22-8　6月生まれを条件に指定する場合

抽出したデータをもとに新しい表を作成

　フィルター機能は、「データ数が多い表」から「必要なデータだけを抜き出した表」を作成する場合にも活用できます。その操作手順は、条件を指定してデータを抽出し、コピー＆ペーストを実行するだけです。表内に不要な列がある場合は、列を**非表示**に設定し、コピーする列を限定しても構いません（列を非表示にする方法はP57～61を参照）。

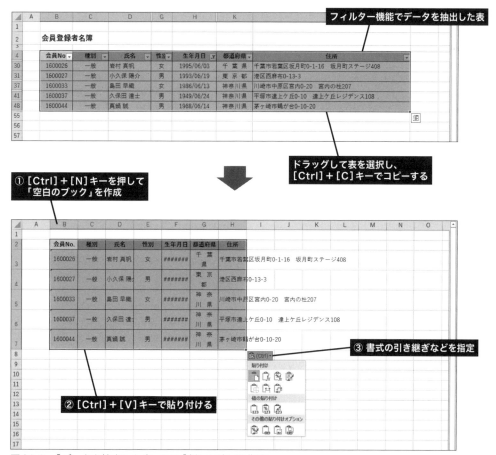

図22-9　「データを抽出した表」から「新しい表」を作成

　そのほか、他のアプリケーションにデータを貼り付けて利用することも可能です。工夫次第で様々な用途にデータを再利用できるので、フィルター機能の仕組みと使い方をよく学んでおくとよいでしょう。

23 | 表データをもとに様々なグラフを作成

セル範囲を指定してグラフを作成

　Excelには**グラフ**を作成する機能も用意されています。ここからは、グラフの作成とカスタマイズについて解説していきます。

　まずは、グラフを作成するときの操作手順から解説します。グラフを作成するときは、表内のセルを1つだけ選択し、[**挿入**]**タブ**にある**グラフ作成用のアイコン**をクリックして**グラフの種類**を指定します。ここには「縦棒／横棒グラフ」や「折れ線グラフ」、「円グラフ」など、全部で9種類のアイコンが用意されています。

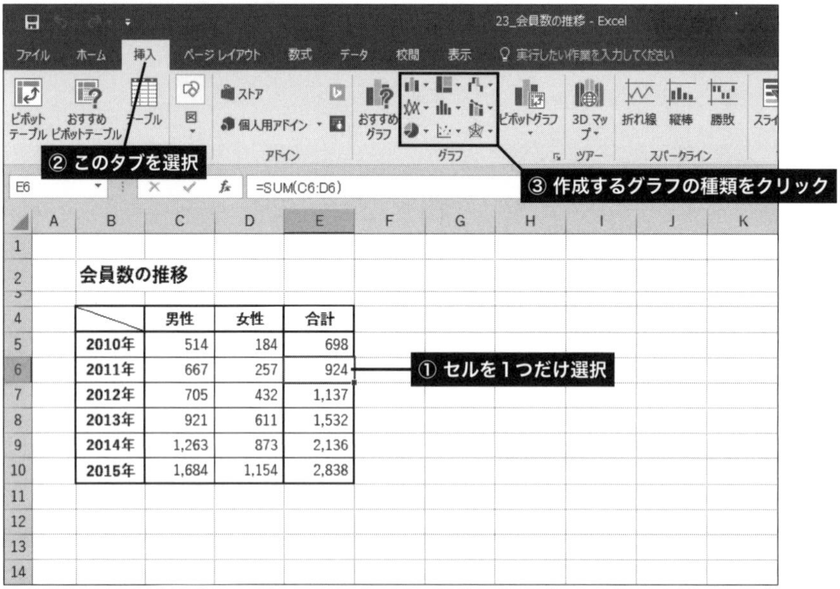

図23-1　グラフの作成（1）

　グラフ作成用のアイコンをクリックすると、**グラフの形式**が一覧表示されます。この一覧から最適な形式を選択すると、表データからグラフを作成できます。

第3章 データ処理とグラフの作成

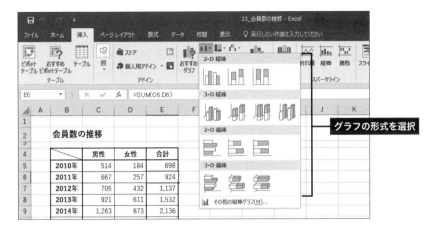

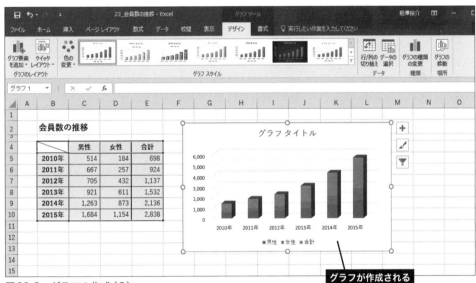

図23-2 グラフの作成(2)

グラフの削除

作成したグラフを削除するときは、グラフ内の余白をクリックしてグラフ全体を選択し、[Delete]キーを押します。

23 表データをもとに様々なグラフを作成

ただし、この方法で作成したグラフは「**表全体**」がグラフ化する範囲として認識されるため、意図したグラフにならない場合があります。先ほど示した例の場合、「男性」と「女性」に加えて「合計」の数値データもグラフ化されているため、正しいグラフとはいえません。このような場合は、グラフ化するセル範囲を選択してから、グラフを作成する操作を行います。すると、選択したセル範囲だけをグラフ化することができます。

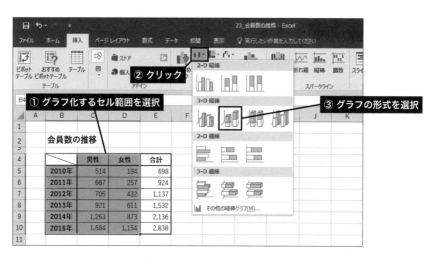

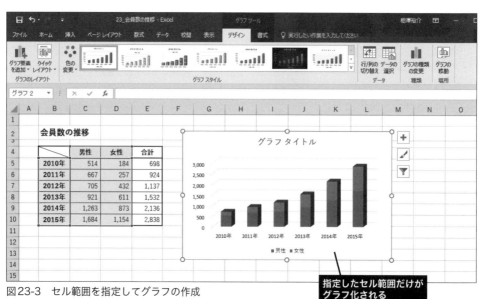

図23-3　セル範囲を指定してグラフの作成

グラフ化するセル範囲が離れている場合は、[Ctrl]キーを使って複数のセル範囲を同時に選択してからグラフを作成する操作を行います[※]。この方法は「円グラフ」を作成する場合などに活用できます。たとえば、以下に示した表から普通に「円グラフ」を作成すると、最初に登場する**系列**となる「男性」の数値データだけがグラフ化されてしまいます。

※離れなたセル範囲を同時に選択する方法は、本書のP44で解説しています。

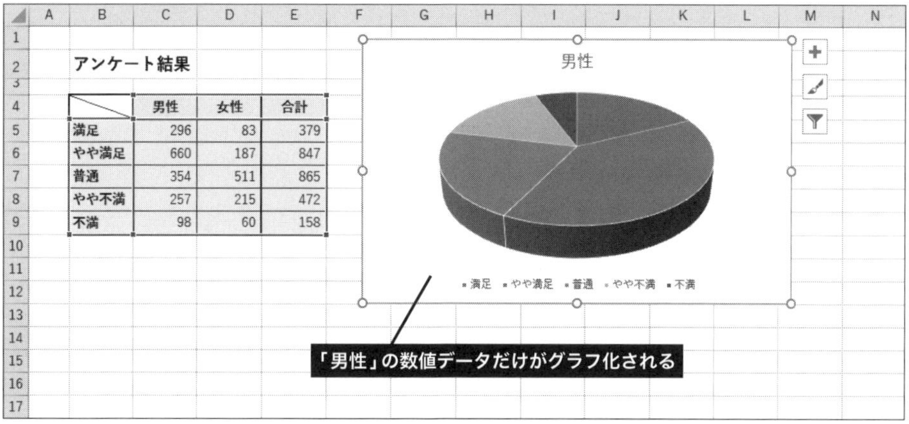

図23-4　普通に「円グラフ」を作成した場合

　「男性」の数値データではなく、「合計」の数値データを「円グラフ」で示したい場合は、B5～B9とE5～E9のセル範囲を選択した状態で「円グラフ」を作成する操作を行わなければいけません。

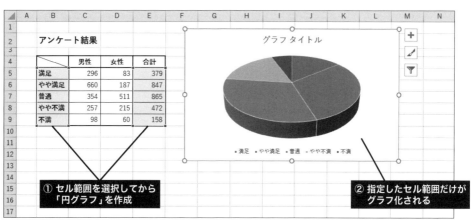

図23-5　セル範囲を指定して「円グラフ」を作成

グラフの更新

グラフは「作成元の表」と常に連動しています。つまり、表内のデータを変更すると、それに合わせてグラフも再描画される仕組みになっています。このため、表のデータを変更した際に、もう一度グラフを作成しなおす必要はありません。

行と列の関係の入れ替え

表の「行と列の関係」を入れ替えてグラフを作成することも可能です。この場合は、グラフを作成した後にグラフツールの[デザイン]タブを選択し、「行/列の切り替え」をクリックします。

図23-6　行/列の切り替え

グラフ フィルターを使ったデータの指定

　グラフを作成した後に、グラフ化するセル範囲を変更することも可能です。この場合は、とりあえず「表全体」をグラフ化し、▼（**グラフ フィルター**）を使ってグラフ化するセル範囲を限定します。
　作成されたグラフ内の余白をクリックすると、右側に3つのアイコンが表示されます。これらのうち一番下にある▼をクリックすると、グラフ化されている「系列」（列）と「カテゴリ」（行）が一覧表示されます。ここで**不要な項目のチェックボックスをOFF**にし、[**適用**]**ボタン**をクリックすると、グラフ化するデータを限定することができます。

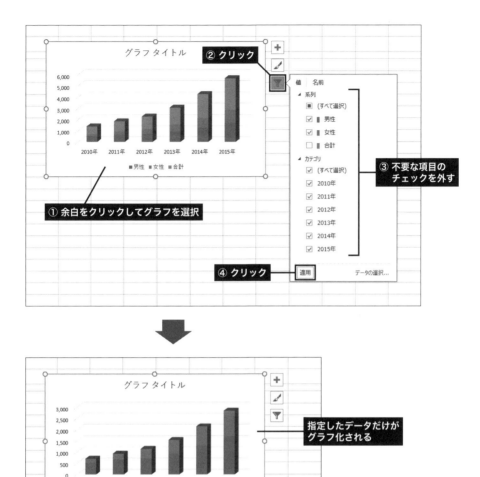

図23-7　グラフ フィルターの活用

　グラフ化する範囲を後から変更したくなったときに便利に活用できるので、こちらの使い方も覚えておいてください。

サイズと位置の変更

続いては、作成したグラフのサイズと位置を変更する方法を紹介しておきます。グラフのサイズを変更するときは、四隅と上下左右に表示されている**ハンドル**をドラッグします。また、グラフの位置を移動するときは、**グラフ内の余白**をドラッグします。

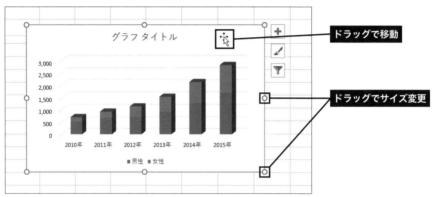

図23-8　グラフのサイズと位置の変更

 グラフシートの作成

　ワークシート上にグラフを配置するのではなく、グラフ専用のシートを作成して、そこにグラフを描画することも可能です。この場合は、以下のように操作してグラフの配置方法を変更します。

図23-9　グラフシートにグラフを配置

　なお、グラフの配置を元の状態に戻すときは、上記と逆の操作を行います。グラフシート内の余白を右クリックして「グラフの移動」を選択し、グラフの配置方法に「オブジェクト」を指定すると、ワークシート上にグラフを配置できます。

グラフ スタイルの適用

　Excelには、グラフ全体のデザインを変更できる ✐（**グラフ スタイル**）も用意されています。グラフ全体のスタイルや色を変更したい場合に活用するとよいでしょう。

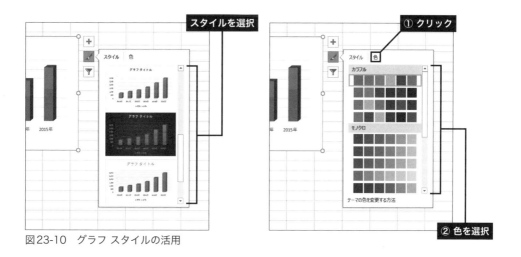

図23-10　グラフ スタイルの活用

　たとえば、「スタイル6」のスタイルと「色3」の色を指定すると、グラフ表示を以下の図のように変更できます。

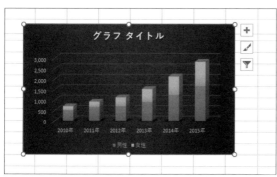

図23-11　スタイルと色を変更したグラフ

　もちろん、グラフの見た目を細かくカスタマイズしていくには、以降のページで紹介するコマンドを使わなければいけません。✐ は手軽にグラフのデザインを変更できる機能と考え、グラフを自由にカスタマイズする方法も覚えておくようにしてください。

24 グラフ内に表示する要素と文字の編集

グラフ内に表示する要素の指定

続いては、作成したグラフをカスタマイズする方法について解説していきます。まずは、**グラフ内に表示する要素**を指定する方法です。作成したグラフには、グラフタイトルや凡例、縦軸／横軸などの要素が表示されています。これらの要素の表示／非表示を指定するときは、グラフの右側にある ＋ (**グラフ要素**)をクリックします。

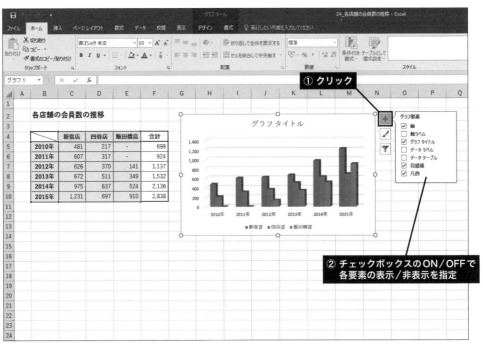

図24-1 表示するグラフ要素の指定

試しに、**軸**、**軸ラベル**、**グラフ タイトル**、**目盛線**、**凡例**といった要素をグラフ内に表示してみると、グラフの表示は図24-2のようになります。

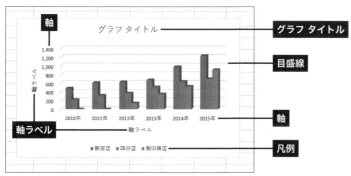

図24-2　グラフ内に表示した要素

　グラフ タイトルと**軸ラベル**は、それぞれの領域をクリックして文字を自由に書き換えることが可能です。グラフ タイトルには「グラフが示している内容」、軸ラベルには「各軸が示している内容」を記しておくとよいでしょう。もちろん、特に必要がない場合は表示しなくても構いません。
　データラベルや**データテーブル**のチェックボックスをONにすると、各グラフの数値データをグラフ内に示すことができます。

■データラベル

■データテーブル

図24-3　データラベルとデータテーブル

「グラフ要素を追加」のコマンド

　＋は各要素の表示/非表示を手軽に指定できるのが利点ですが、細かな指定を行えないのが欠点となります。たとえば、「縦軸だけに軸ラベルを表示する」などの指定は行えません。そこで「**グラフ要素を追加**」の使い方も覚えておく必要があります。

グラフ内の余白をクリックしてグラフを選択すると、**グラフ ツール**の［**デザイン**］**タブ**を選択できるようになります。このタブにある「**グラフ要素を追加**」をクリックし、各要素の表示／非表示や位置などを細かく指定することも可能です。たとえば、**凡例**の要素には以下のような項目が用意されています。

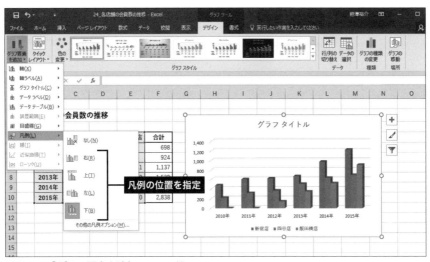

図24-4　「グラフ要素を追加」コマンド

　そのほか、縦軸／横軸の**軸ラベル**を個別に指定したり、**補助目盛線**の表示／非表示を指定したりできます。これらの要素は、項目のON／OFFで表示／非表示を切り替えます。

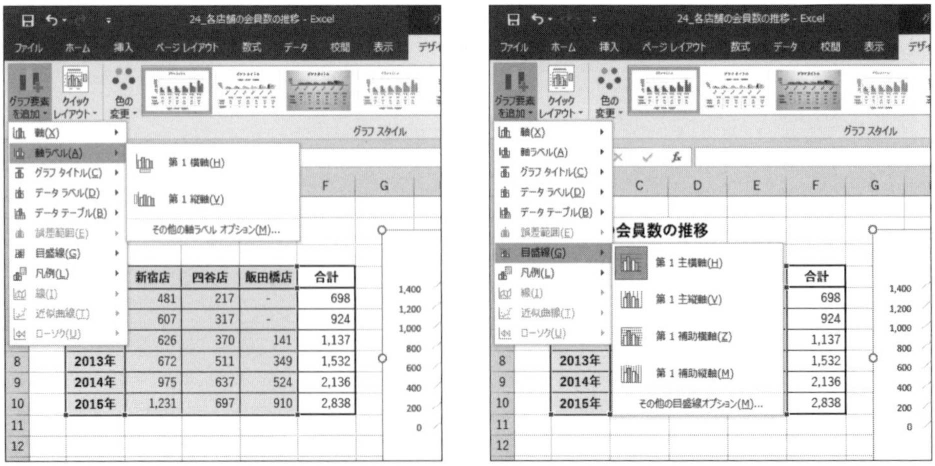

図24-5　「軸ラベル」と「目盛線」の指定

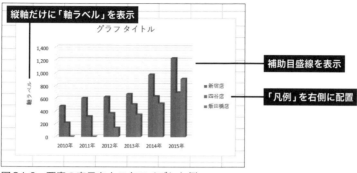

図24-6　要素の表示をカスタマイズした例

グラフ内の文字の書式

　グラフ内に表示されている文字の書式を変更することも可能です。**グラフ タイトル**や**軸ラベル**の文字の書式を指定するときは、マウスをドラッグして文字を選択し、[**ホーム**]**タブ**にあるコマンドを使って書式を指定します。

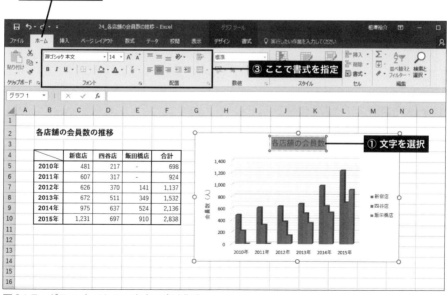

図24-7　グラフ タイトルの文字の書式指定

同様の手順で**軸**や**凡例**の文字の書式も指定できます。ただし、これらの要素は、文字単位ではなく「要素全体」に対して書式を指定することになります。グラフのサイズに合わせて、各要素の文字サイズを調整する場合などに活用するとよいでしょう。

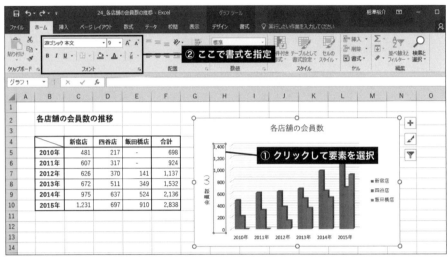

図24-8　軸の文字の書式指定

　そのほか、**縦軸の軸ラベル**を「縦書き」で配置することも可能です。この場合は、以下に示した手順で操作を行います。

1　**軸ラベル**をクリックして選択し、**軸ラベルの枠線**を右クリックします。続いて、右クリックメニューから「**軸ラベルの書式設定**」を選択します。

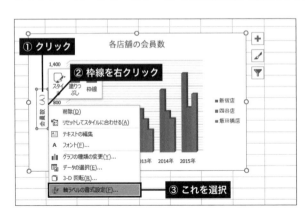

2 ウィンドウ右側に「軸ラベルの書式設定」が表示されます。ここで「**文字のオプション**」を選択し、のアイコンをクリックすると、文字の配置方法を細かく指定できます。文字を縦書きで配置する場合は、**文字列の方向**に「**縦書き**」を指定します。

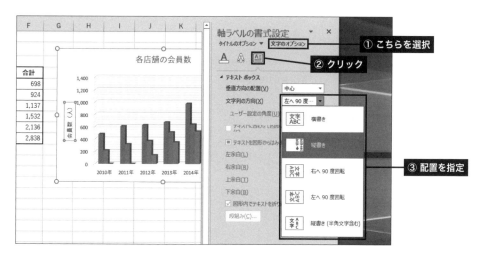

3 縦軸の軸ラベルが「縦書き」で配置されます。

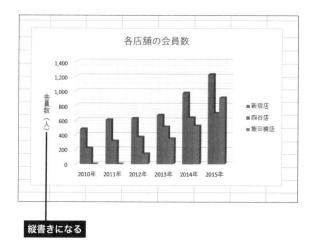

縦書きになる

25 縦軸と横軸のカスタマイズ

数値の範囲と目盛線の間隔

　グラフの縦軸や横軸の書式をカスタマイズすることも可能です。まずは、**縦軸**に示す「**数値の範囲**」や「**目盛線の間隔**」を変更する方法を解説します。
　縦軸の書式を変更するときは、縦軸を**ダブルクリック**するか、もしくは縦軸を右クリックして「**軸の書式設定**」を選択します。

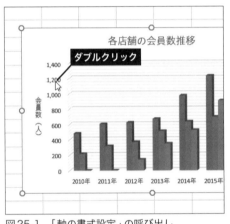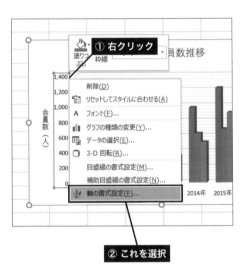

図25-1　「軸の書式設定」の呼び出し

　すると、ウィンドウ右側に「**軸の書式設定**」が表示されます。軸に関連する書式は、ここで指定していきます。たとえば、縦軸に示す**数値の範囲**を0～1,500に変更し、**目盛線の間隔**を500、**補助目盛線の間隔**を100に指定するときは、図25-2のように数値を入力します。

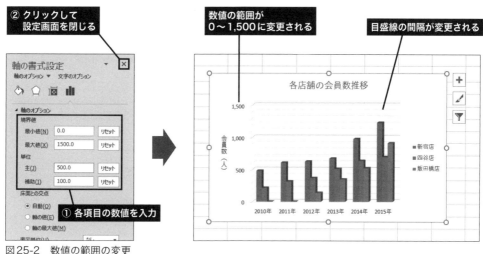

図25-2 数値の範囲の変更

　もちろん、数値の範囲を1,000～1,200のように指定し、0以外の数値が床面になるグラフを作成しても構いません。この場合、グラフの一部を拡大したような効果を得られます。数値データの変動が小さく、値の変化を読みとりにくい場合に活用するとよいでしょう。

補助目盛線の表示

　グラフ内に補助目盛線を表示するには、「グラフ要素を追加」をクリックし、「目盛線」→「第1補助横軸」をONにしておく必要があります（P200～201参照）。

軸の反転

　「軸の書式設定」にある「軸を反転する」のチェックボックスをONにすると、縦軸を上下反転して表示できます。順位（ランキング）を示す場合など、小さい数値ほど良好になる事例をグラフ化する場合に活用するとよいでしょう。

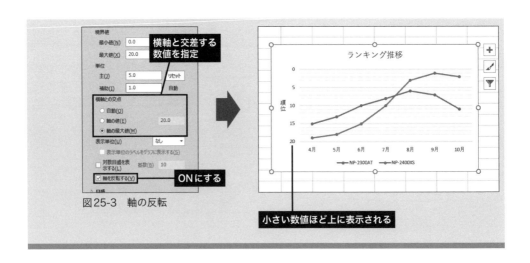

図25-3　軸の反転

表示単位の変更と表示形式

「軸の書式設定」には、縦軸の数値を「千単位」や「百万単位」などに変更する項目も用意されています。たとえば、売上高の推移をまとめたグラフを図25-4のように作成すると、金額の桁数が多いため縦軸の数値を読み取りづらくなってしまいます。

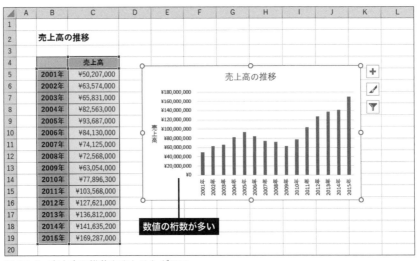

図25-4　売上高の推移をまとめたグラフ

このような場合は、**表示単位**の項目を「千」や「百万」などに変更すると、シンプルな縦軸にカスタマイズできます。

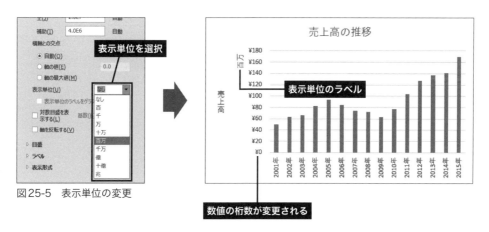

図25-5　表示単位の変更

表示単位を変更すると、縦軸の左側に「**表示単位のラベル**」が表示されます。このラベルは数値の単位を明確に示すために必要となるものですが、それなりのスペースを要するのが欠点となります。そこで「表示単位のラベル」を削除し、代わりに「グラフ タイトル」や「軸ラベル」に単位を記載しても構いません。これで数値を読み間違えるミスを防げると思います。

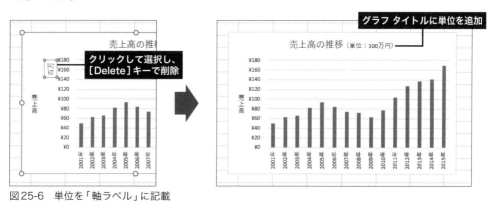

図25-6　単位を「軸ラベル」に記載

最後に「¥」の記号を削除します。この「¥」記号は、グラフの元になっている表に由来しています。グラフの元になっている表では、「売上高」が入力されているセルに「**通貨」の表示形式**が指定されています。この表示形式がグラフにも引き継がれ、縦軸の数値に「¥」の記号が表示される、という仕組みです。

「軸の書式設定」には**表示形式**を指定する項目も用意されています。ここで表示形式を変更すると、「グラフの軸の文字」についてのみ表示形式を変更することが可能となります。

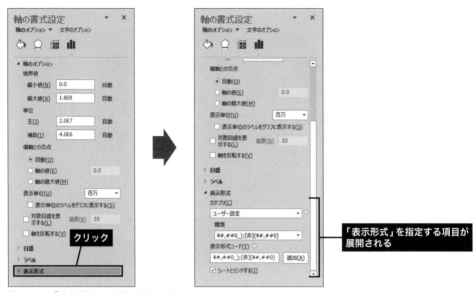

図25-7　「表示形式」の設定項目の表示

　表示形式の指定方法は、「セルの表示形式」を指定する場合と基本的に同じです。「¥」の記号を表示しない場合は、表示形式に「標準」や「数値」を指定します。

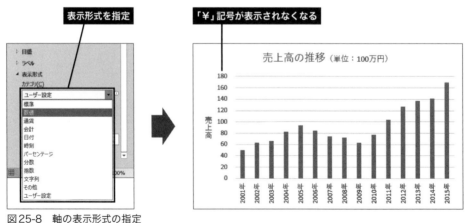

図25-8　軸の表示形式の指定

ラベルの間隔と配置

続いては、**横軸**の書式設定について解説します。横軸の書式を変更するときも、横軸を**ダブルクリック**するか、もしくは右クリックメニューから「**軸の書式設定**」を選択して設定画面を呼び出します。

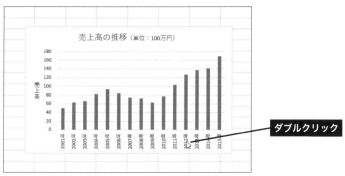

図25-9 「軸の書式設定」の呼び出し

横軸の書式設定は、**ラベルの間隔**を変更する場合などに活用します。たとえば今回の例の場合、2001～2015年とカテゴリの数が多いため、横軸のラベルが90度回転して配置されています。このような場合は間隔を空けてラベルを表示すると、通常の向きでラベルを表示できます。

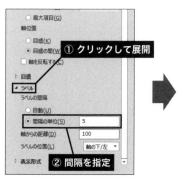
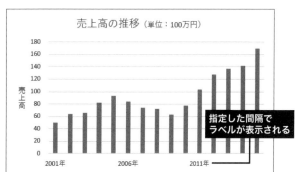

図25-10 ラベルの表示間隔の指定

ただし、このままでは「ラベル」と「棒グラフ」の対応が分かりづらいため、あまり見やすいグラフとはいえません。そこで「グラフ要素を追加」から「目盛線」→「第1主縦軸」を選択し、縦の目盛線を表示します。

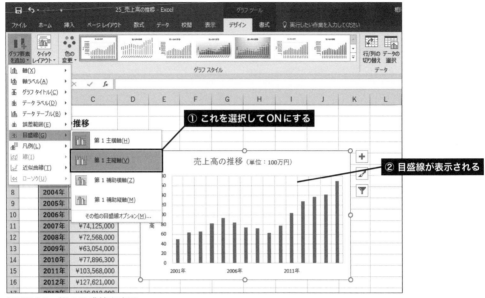

図25-11　縦の目盛線を表示

　さらに、**目盛線の間隔**を「ラベルの間隔」と同じになるように指定すると、「ラベル」と「棒グラフ」の対応が分かりやすくなります。

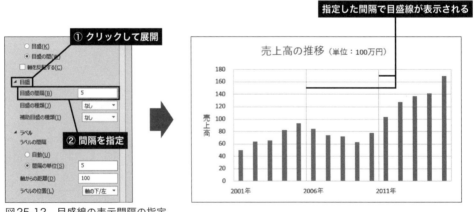

図25-12　目盛線の表示間隔の指定

　そのほか、ラベルを斜めに配置する方法も便利に活用できます。ラベルを斜めに配置するときは、「**文字のオプション**」を選択して のアイコンをクリックし、**ユーザー設定の角度**に適当な値を入力します。

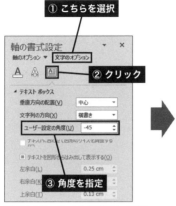 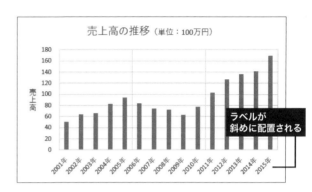

図25-13　ラベルを斜めに配置

　上記の例では、「ラベルの間隔」を1、「目盛線の間隔」を5に指定し、ラベルを「-45度」で配置することにより横軸を読み取りやすくしています。

横軸のラベルが日付データの場合

　横軸が日付データの場合は、横軸に示す日付の範囲を「最小値」と「最大値」で指定し、ラベルの間隔（目盛線の間隔）を「主」の項目で指定します。また、表示形式を指定して「4/1」のように日付をコンパクトに表示することも可能です。

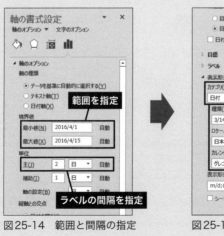 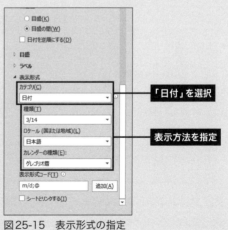

図25-14　範囲と間隔の指定　　　　図25-15　表示形式の指定

26 グラフの色を変更するには？

グラフ全体の配色の変更

続いては、グラフの色をカスタマイズする方法を解説します。グラフ全体の色を手軽に変更したいときは、**グラフ ツール**の[**デザイン**]タブにある「**色の変更**」を使用します。

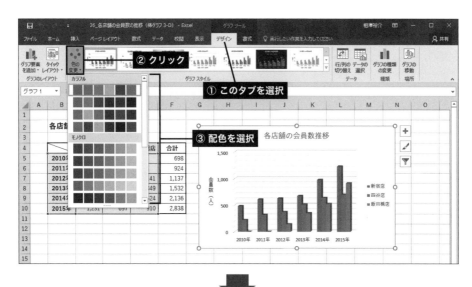

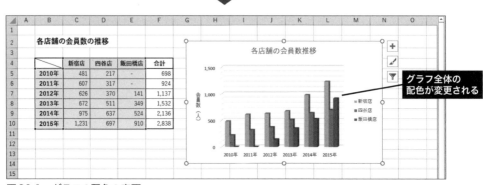

図26-1 グラフの配色の変更

系列や個々のデータの選択

グラフの色を自分で指定していく方法も用意されています。この場合は、あらかじめ**書式指定の対象となる要素**を選択しておく必要があります。グラフ上でマウスを1回だけクリックした場合は、同じ系列のデータがまとめて選択されます。

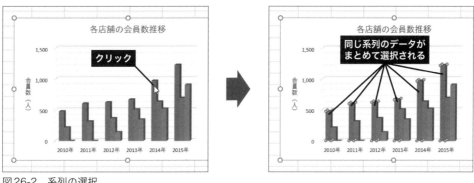

図26-2　系列の選択

この状態でさらにマウスをクリックすると、各データを個別に選択することができます。

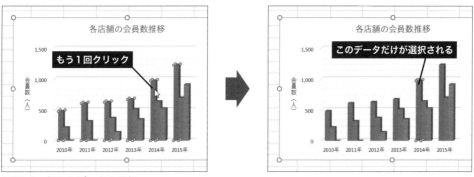

図26-3　個々のデータの選択

このように、マウスをクリックする回数に応じて「系列の選択」と「データの選択」が変化する仕組みになっています。グラフの色を自分で指定するときは、この仕組みを十分に理解しておいてください。

グラフの色を自分で指定

　それでは、グラフの色を変更するときの操作手順を解説していきましょう。グラフの色を指定するときは、「系列」または「データ」を選択した状態で、右クリックメニューにある「**塗りつぶし**」コマンドを使用します。
　「系列」を選択した状態で色変更の操作を行うと、図26-4のように系列全体の色がまとめて変更されます。各データの色を個別に指定するときは、「データ」を選択した状態で同様の操作を行います。

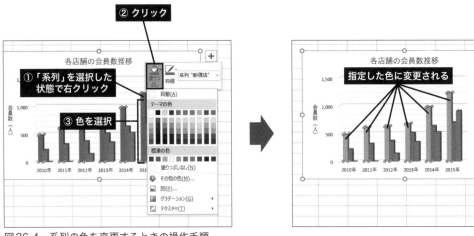

図26-4　系列の色を変更するときの操作手順

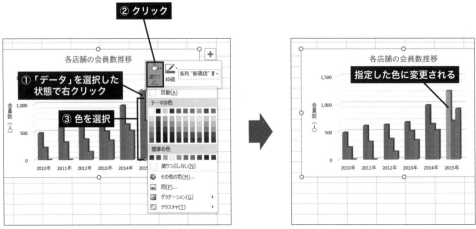

図26-5　データの色を変更するときの操作手順

なお、一覧に表示されていない色を指定するときは、「**その他の色**」を選択し、「**色の設定**」を使ってグラフの色を指定します。

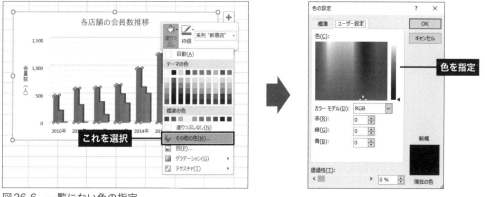

図26-6　一覧にない色の指定

そのほか、グラフの色を**グラデーション**にしたり、模様（**テクスチャ**）にしたりする機能も用意されています。気になる方は試してみるとよいでしょう。

データ系列の書式設定

「系列」を選択した状態で右クリックメニューから「**データ系列の書式設定**」を選択すると、その系列の書式を細かく指定できる設定画面が表示されます。

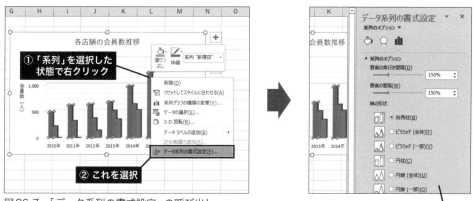

図26-7　「データ系列の書式設定」の呼び出し

この設定画面には3つのアイコンが用意されています。のアイコンをクリックすると、"グラフの形状"をカスタマイズする設定画面が表示されます。「棒グラフ」の場合、グラフの形状を円柱やピラミッドなどに変更することが可能です。

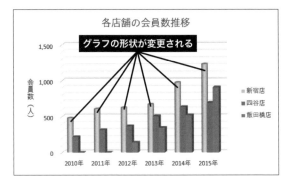

図26-8　「棒グラフ」の形状の変更

　のアイコンをクリックすると、グラフに様々な"効果"を加える設定画面が表示されます。「影」、「光彩」、「ぼかし」の効果は、主に2-D形式のグラフで使用します。「3-D書式」の効果は、3-D形式のグラフで"立体の表現方法"を変更する場合に使用します。

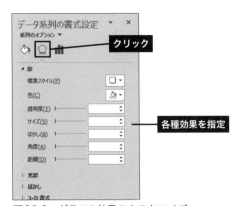

図26-9　グラフの効果のカスタマイズ

　各効果の概要は、文章で説明するより実際に試してみた方が分かりやすいと思います。適当なグラフを作成し、それぞれの効果を指定すると「グラフ表示がどのように変化するか？」を確認しておくとよいでしょう。

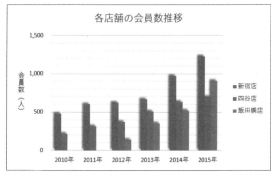

図26-10　2-D形式の棒グラフに「影」の効果を加えた場合

のアイコンをクリックすると、「塗りつぶし」や「枠線」の書式を細かく指定できる設定画面が表示されます。

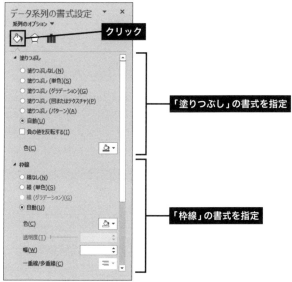

図26-11　「塗りつぶし」と「枠線」の書式の指定

　この設定画面は、グラフを"パターン"で塗りつぶす場合に活用できます。グラフを白黒印刷するときは、それぞれの系列を"黒の濃度"だけで区別しなければいけません。このため、系列の数が多くなると色の違いを区別するのが難しくなります。このような場合は「塗りつぶし」に"パターン"を指定しておくと、系列を見分けやすくなります。

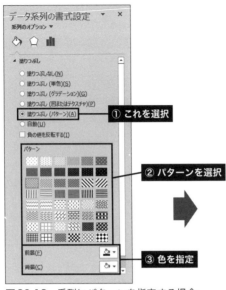
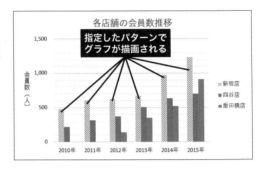

図26-12　系列にパターンを指定する場合

折れ線グラフの色変更

　念のため、「折れ線グラフ」の色を変更する方法も紹介しておきましょう。「折れ線グラフ」の場合は、線の色を「**枠線**」コマンドで指定します。

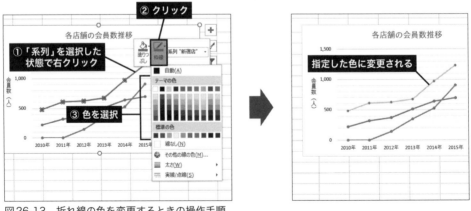

図26-13　折れ線の色を変更するときの操作手順

「塗りつぶし」コマンドで色を指定した場合は、個々のデータを示す**マーカー**の色が変更されます。「棒グラフ」の場合と比べて、少しだけ操作手順が異なることに注意してください。

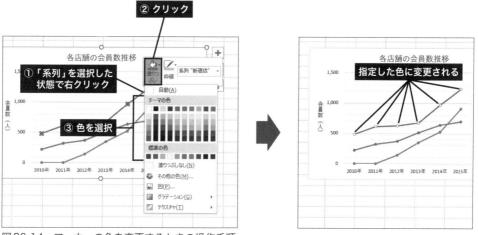

図26-14　マーカーの色を変更するときの操作手順

線とマーカーの書式設定

「折れ線グラフ」の場合も「**データ系列の書式設定**」を使って書式を細かく指定することが可能です。設定画面を呼び出す操作は「棒グラフ」の場合と同じです。

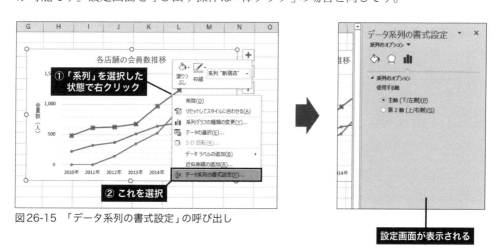

図26-15　「データ系列の書式設定」の呼び出し

線やマーカーの書式を変更するときは、のアイコンをクリックします。続いて「線」または「マーカー」を選択し、書式指定の対象を選択します。

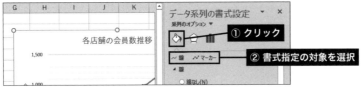

図25-16　書式指定の対象の指定

　書式指定の対象に「線」を指定した場合は、線の色や点線／実線、線の幅などを指定できます。「マーカー」を指定した場合は、マーカーの形状やサイズ、色などを指定できます。「折れ線グラフ」の見た目をカスタマイズする場合に役立つので、各項目で指定される内容を確認しておくとよいでしょう。

図25-17　用意されている設定項目

グラフエリアなどの書式設定

　グラフ内の余白を右クリックして「グラフ エリアの書式設定」を選択すると、"グラフの背景"の書式を指定する設定画面が表示されます。このように、各要素を右クリックして「○○の書式設定」を選択すると、その要素の書式を細かく指定できる設定画面が表示されます。グラフのデザインをカスタマイズする場合に活用できるので、気になる方は色々と試してみるとよいでしょう。

27 「縦棒」と「折れ線」の複合グラフを作成

第2軸を使用して複合グラフを作成

　最後に、「縦棒グラフ」と「折れ線グラフ」が混在した**複合グラフ**を作成する方法を解説しておきます。数値が大きくかけ離れたデータを1つのグラフで示す場合などに活用してください。

　以下は、「会員数」と「売上高」の推移をまとめた表です。この表をもとに「棒グラフ」を作成すると、図27-1のようなグラフが作成されます。

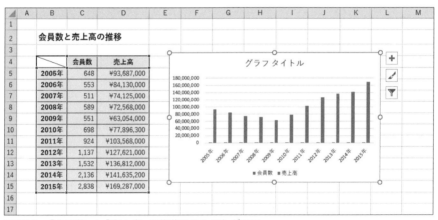

図27-1　「会員数」と「売上高」の推移をまとめたグラフ

　この例では「売上高」に比べて「会員数」の数値が小さすぎるため、「会員数」の推移をグラフから読み取ることができません。このような場合はグラフの右側にも縦軸（**第2縦軸**）を用意し、データを複合グラフで示すと、関連する事例を1つのグラフにまとめて示すことが可能となります。

　それでは複合グラフの作成手順を解説していきましょう。まずは、図27-1のように「棒グラフ」を作成し、グラフ タイトルに文字を入力します。続いて、次ページに示した手順で操作を進めていきます。

1 グラフ上を右クリックし、「**系列グラフの種類の変更**」を選択します。

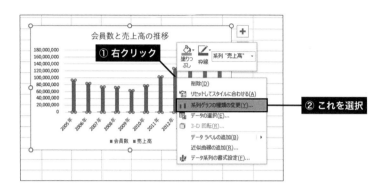

3-D形式の複合グラフは作成不可
　複合グラフを作成するときは、2-D形式でグラフを作成しておく必要があります。3-D形式のグラフは複合グラフに変更できないことに注意してください。

2 以下のような設定画面が表示されるので、右側の縦軸（**第2縦軸**）でデータを示す系列を指定します。今回の例では、「売上高」の系列を第2縦軸で示すように変更しました。

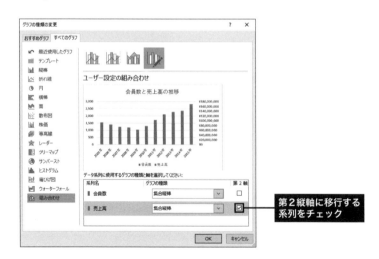

3 続いて、**グラフの種類**を変更し、[OK]ボタンをクリックします。今回の例では、「会員数」の系列を「折れ線グラフ」に変更しました。

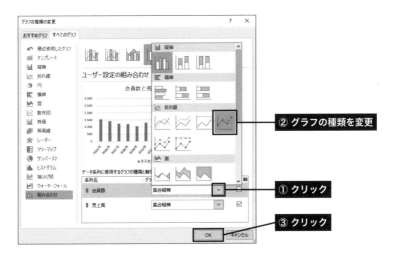

4 以上で、複合グラフを作成するときの基本操作は完了です。今回の例では、「会員数」の系列が「折れ線グラフ」に変更され、「売上高」の系列は第2縦軸を基準にグラフが描画されるようになります。

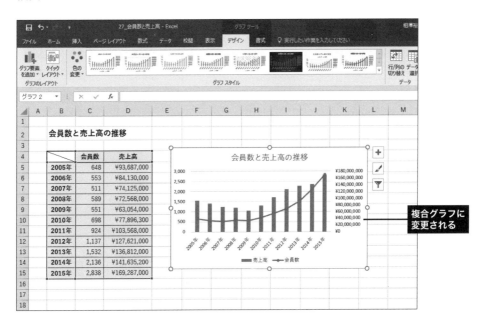

複合グラフを作成できたら、必要に応じて各系列の色を調整します。この手順は、本書のP214〜215ならびにP218〜219で解説したとおりです。

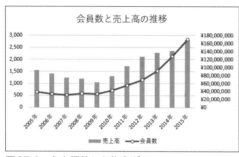

図27-2　色を調整した複合グラフ

軸ラベルの表示と軸の書式設定

　左右に2つの縦軸を配置するときは、「それぞれの縦軸がどの系列に対応しているか？」を明確に示しておく必要があります。左右両方の縦軸に**軸ラベル**を追加するのを忘れないようにしてください。

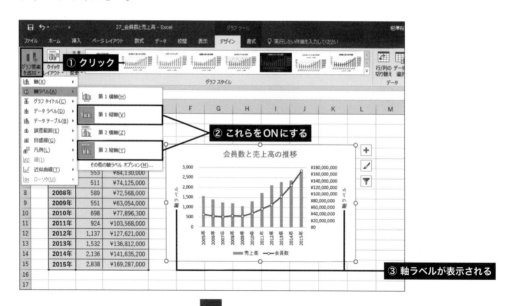

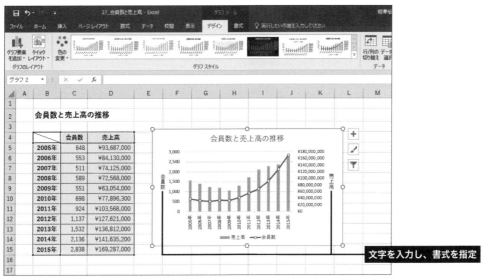

図27-3　軸ラベルの表示と書式指定

　また、必要に応じて軸の書式をカスタマイズしておきます。今回の例では、第2縦軸に表示されている数値の桁数が多すぎるので、**表示単位**を「百万」に変更し、**表示形式**に「数値」を指定しました。この操作手順はP206～208に示した手順と同じです。グラフの右側に表示される第2縦軸も、通常の縦軸（第1縦軸）と同様の手順で書式を変更することが可能です。

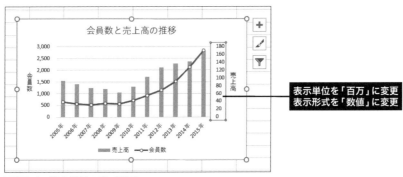

図27-4　第2縦軸の書式設定

目盛線の本数を揃える

　これまでに示した手順で複合グラフを作成すると、左側の縦軸（第1縦軸）だけに**目盛線**が表示されます。このままでは「売上高」の数値を読み取りづらいので、第2縦軸にも目盛線を表示します。

※「グラフ要素を追加」にある「目盛線」は、縦軸／横軸の表記が逆になっています。ONにする項目を間違えないように注意してください。

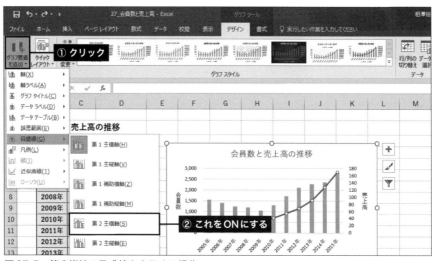

図27-5　第2縦軸の目盛線を表示する操作

　すると、グラフ表示が図27-6のように変化します。第2縦軸にも目盛線が追加された形になりますが、左右の縦軸で目盛線の間隔が異なるため、逆にグラフを読み取りにくくなってしまいます。

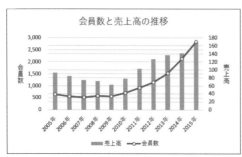

図27-6　第2縦軸の目盛線を表示したグラフ

この問題は、**目盛線の本数**が左右同じになるように調整すると解決できます。たとえば、第2縦軸で示す「数値の範囲」を0〜240、「目盛線の間隔」を40に変更すると、左右とも目盛線が6本になり、見やすいグラフにカスタマイズできます。

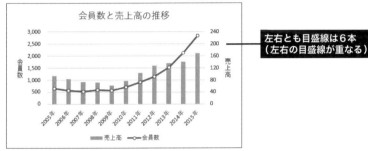

図27-7　左右の縦軸で目盛線の本数を揃えたグラフ

このとき、第2縦軸を百万単位で表示していることに注意しなければいけません。百万単位の0〜240は、正しい数値で示すと0〜240,000,000となります。このように数値の桁数が多い場合は、「軸の書式設定」の数値が**Eの記号**を使って表示されます。これは**10のn乗**で数値を示す表記方法となります。

たとえば、180,000,000という数値は1.8×10^8になるため「1.8E8」と表示されます。同様に、240,000,000は「2.4E8」という表記になります。「軸の書式設定」の数値を入力するときは、この表記方法に習って「2.4E8」と入力しても構いませんし、普通に「240000000」と数値を入力しても構いません（自動的に「2.4E8」に変換されます）。桁数が多い数値の表記方法として覚えておいてください。今回の例の場合、第2縦軸の「数値の範囲」と「目盛線の間隔」を図27-8のように変更することになります。

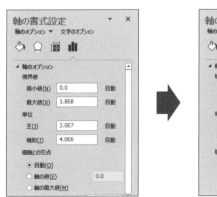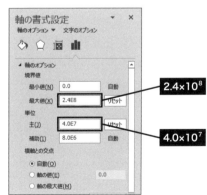

図27-8　Eを使った数値の表記

テキストボックスの活用

　最後に、「百万円」の単位を**テキストボックス**で配置します。第2縦軸の**軸ラベル**に「百万円」の単位を記載する方法もありますが、テキストボックスを活用した文字の配置方法も覚えておくと役に立ちます。テキストボックスを使って文字を配置するときは、以下のように操作します。

1 ［挿入］**タブ**にある（**図形**）をクリックし、（**テキストボックス**）を選択します。続いて、ワークシート上をマウスでドラッグし、テキストボックスを描画します。

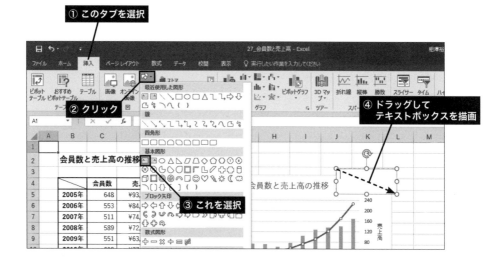

2 テキストボックス内にカーソルが表示されるので、グラフ内に配置する文字をキーボードから入力します。

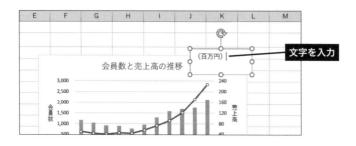

3 テキストボックス内に入力した文字の書式を［**ホーム**］**タブ**で指定します。

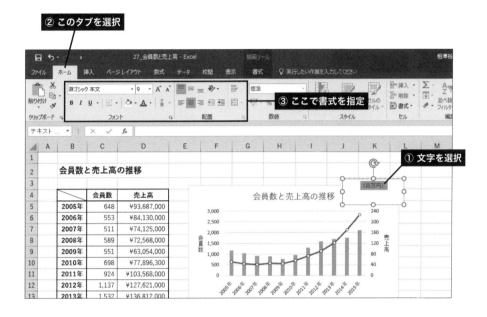

4 テキストボックスの位置とサイズを調整します。四隅に表示されているハンドルをドラッグすると、テキストボックスのサイズを変更できます。また、テキストボックスの枠線をドラッグすると、テキストボックスの位置を移動できます。

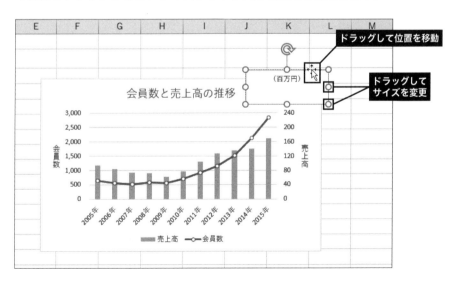

5 テキストボックスの背景色と枠線を「なし」に変更します。**描画ツール**の[**書式**]**タブ**を選択し、「**図形の塗りつぶし**」に「**塗りつぶしなし**」、「**図形の枠線**」に「**線なし**」を指定します。

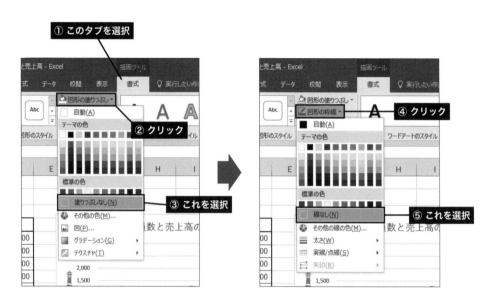

 以上でテキストボックスの配置は完了です。グラフ内の好きな位置に文字を配置する方法として覚えておくとよいでしょう。

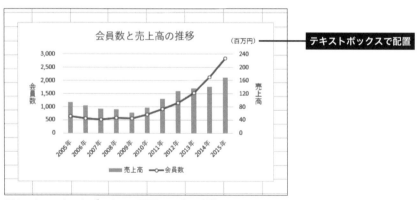

図27-9　テキストボックスで配置した表示単位

索　引

【A～Z】
AVERAGE ……………………………… 128
IF ……………………………………… 145
INT ……………………………………… 133
MAX ……………………………………… 128
MIN ……………………………………… 128
ROUND ………………………………… 135
ROUNDDOWN …………………………… 135
ROUNDUP ……………………………… 135
SUM ……………………………………… 125
SUMIF ………………………………… 152
Webクエリ …………………………… 156

【あ】
新しいルール ………………………… 73
色の変更 ……………………………… 212
印刷 ……………………………………… 53
印刷タイトル ………………………… 61
インデント …………………………… 19
ウィンドウ枠の固定 ………………… 49
上付き ………………………………… 38
エラーメッセージ …………………… 91
演算記号 ……………………………… 106
オートSUM ……………………… 125、128
オートフィル …………… 113、119、131
折り返して全体を表示する ……… 16、37

【か】
改行 ……………………………………… 17
会計 ……………………………………… 26
外部データの取り込み ……………… 155
改ページ プレビュー ………………… 55
関数 …………………………………… 125
関数の検索機能 ……………………… 136
関数の挿入 ……………………… 137、141
関数名 ………………………………… 130
偽の場合 ……………………………… 145
行／列の切り替え …………………… 194
行の高さ ……………………………… 9、15
行の高さの自動調整 ………………… 16
切り上げ ……………………………… 135
切り下げ ……………………………… 133
切り捨て ……………………………… 135
均等割り付け ………………………… 17
空白処理 ……………………………… 150
クエリの編集 ………………………… 160
グラフ ……………… 190、198、212、221
グラフシート ………………………… 196
グラフスタイル ……………………… 197
グラフタイトル ………………… 199、201
グラフフィルター …………………… 194
グラフ要素 …………………………… 198

グラフ要素を追加 …………………… 199
罫線 ……………………………………… 11、39
系列グラフの種類の変更 ……………… 222
桁区切り ……………………… 22、24、26
合計 …………………………………… 125
降順 ……………………………… 164、168

【さ】
最小値 ………………………………… 128
最大値 ………………………………… 128
再表示 ………………………………… 60
シートの保護 ………………………… 97
軸 …………………………… 199、202、204
軸の書式設定 …………………… 204、209
軸ラベル ………… 199、200、201、202、224
時刻（表示形式）…………………… 28、33
四捨五入 ……………………………… 135
下付き ………………………………… 38
縮小して全体を表示する …………… 37
上位／下位ルール …………………… 71
条件付き書式 ………………………… 67
昇順 ……………………………… 164、168
小数点以下の表示桁数
　　　　　…………… 22、24、26、27、123
ショートカットキー ………………… 46
書式記号 ……………………………… 31
真の場合 ……………………………… 145
数式 ……………………………… 106、115
数式バー ……………… 7、14、25、117、139
数値（表示形式）…………………… 24
数値の個数 …………………………… 129
数値フィルター ……………………… 185
絶対参照 ……………………………… 119
セル参照 …………… 106、115、119、131
セルの強調表示ルール ………… 68、70
セルの書式設定 …………… 23、35、98
セル範囲 ……………… 42、44、130、131
セルを結合して中央揃え …………… 38
セルを結合する ……………………… 37
相対参照 ……………………………… 119

【た】
第2縦軸 ……………………………… 221
タイトル行 …………………………… 62
通貨 ……………………………… 22、26
通貨記号 ……………………………… 26
データ系列の書式設定 ………… 215、219
データテーブル ……………………… 199
データの入力規則 …………………… 86
データバー …………………………… 82
データラベル ………………………… 199
テキストボックス …………………… 228

取り消し線 …………………………… 38

【な】
並べ替え ……………………………… 164
並べ替えとフィルター
　　　　　………… 164、177、180、184
入力時メッセージ …………………… 90
入力モード …………………………… 93
塗りつぶし ………… 11、40、214、219

【は】
パーセンテージ …………………… 22、27
パスワード …………………………… 103
凡例 ……………………… 199、200、202
比較演算子 …………………………… 145
引数 ……………………………… 130、138
日付（表示形式）…………………… 28、31
日付フィルター ……………………… 187
非表示 ………………………………… 58
表示形式 …………………… 20、123、207
表示単位 ………………………… 206、225
標準（表示形式）……………………… 20
フィルター …………………………… 180
フォント ……………………………… 9
複合グラフ …………………………… 221
フッター ……………………………… 64
ふりがな ……………………………… 170
ふりがなの表示／非表示 …………… 171
ふりがなの編集 ………………… 172、174
平均 …………………………………… 128
ページ レイアウト …………………… 55
ページ番号 …………………………… 66
ヘッダー ……………………………… 64
補助目盛線 …………………………… 200

【ま】
無効データのマーク ………………… 92
目盛線 …………………………… 199、226
文字列（表示形式）…………………… 30

【や・ら・わ】
ユーザー設定の並べ替え …………… 177
ユーザー定義 ………………………… 31
用紙の向き …………………………… 54
余白 …………………………………… 54
リスト ……………………………… 86、95
ルールの管理 ………………………… 78
ルールのクリア ……………………… 72
列の幅 ………………………………… 15
ロック ………………………………… 98
枠線 …………………………………… 218

■著者紹介

相澤 裕介（あいざわ ゆうすけ）

4年間の出版社勤務を経たあとフリーのテクニカルライターに転身。現在はパソコン系の書籍を中心に執筆活動を続けている。お酒と麻雀が大好きで、朝が苦手な夜型人間。
名古屋大学大学院　工学研究科　機械情報システム工学専攻（修了）

先輩が教える㉜
就職前に覚えておくべき
Excel 2016 必須テクニック

2016年7月10日　初版第1刷発行

著　者	相澤 裕介
発行人	石塚 勝敏
発　行	株式会社 カットシステム
	〒169-0073 東京都新宿区百人町4-9-7　新宿ユーエストビル8F
	TEL　（03）5348-3850　　FAX　（03）5348-3851
	URL　http://www.cutt.co.jp/
	振替　00130-6-17174
印　刷	シナノ書籍印刷 株式会社

本書の内容の一部あるいは全部を無断で複写複製（コピー・電子入力）することは、法律で認められた場合を除き、著作者および出版者の権利の侵害になりますので、その場合はあらかじめ小社あてに許諾をお求めください。

本書に関するご意見、ご質問は小社出版部宛まで文書か、sales@cutt.co.jp宛にe-mailでお送りください。電話によるお問い合わせはご遠慮ください。また、本書の内容を超えるご質問にはお答えできませんので、あらかじめご了承ください。

Cover design Y.Yamaguchi　　　　　　　　Copyright©2016　相澤 裕介
Printed in Japan　ISBN 978-4-87783-402-9